Otto Carl Berg

Die Chinarinden der pharmakognostischen Sammlung zu Berlin

Otto Carl Berg

Die Chinarinden der pharmakognostischen Sammlung zu Berlin

ISBN/EAN: 9783742837615

Hergestellt in Europa, USA, Kanada, Australien, Japan

Cover: Foto ©Thomas Meinert / pixelio.de

Manufactured and distributed by brebook publishing software (www.brebook.com)

Otto Carl Berg

Die Chinarinden der pharmakognostischen Sammlung zu Berlin

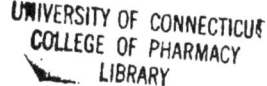

DIE CHINARINDEN

DER

PHARMAKOGNOSTISCHEN SAMMLUNG

ZU BERLIN.

MIT ZEHN TAFELN ABBILDUNGEN

VON

DR. OTTO BERG,

PROFESSOR AN DER UNIVERSITÄT ZU BERLIN.

BERLIN, 1865.

VERLAG VON RUDOLPH GAERTNER.

AMELANG'sche SORTIMENTS-BUCHHANDLUNG.

LEIPZIGER STRASSE 123.

VORWORT.

Bei dem allgemeinen Interesse, welches in neuester Zeit das Studium der Chinarinden gefunden hat, erschien es dem Verfasser nicht unzweckmässig, die in seinem Atlanten gegebene gedrängte Bearbeitung mehr zu erweitern und für die praktische Untersuchung umzuarbeiten. Das Material für die Arbeit lieferten besonders die reiche Chinarindensammlung des pharmakognostischen Museums an der Universität, die im Handel vorkommenden Rinden und die von dem Herrn Professor Phoebus mitgetheilten anatomischen Präparate der Chinarinden von Delondre & Bouchardat. Die dem Atlanten bereits beigegebenen sieben Tafeln sind um drei vermehrt, welche mit derselben Sorgfalt und Treue von Herrn C. F. Schmidt ausgeführt sind.

Was die durch einen Bruch ausgedrückte Bestimmung der relativen Dicke der Bastzellen bei den verschiedenen Rinden anbelangt, so giebt der Zähler den radialen, der Nenner den tangentialen Durchmesser nach den Theilungsgraden des Glasmikrometers bei derselben Vergrösserung gemessen. Sämmtliche Präparate sind bei 65facher Vergrösserung gezeichnet.

Berlin, im Februar 1865.

O. Berg.

INHALTSVERZEICHNISS.

§ 1. Die pharmakognostische Sammlung an der Berliner Universität 1
§ 2. Neue Einrichtung derselben 1
§ 3. Die Chinarinden der Sammlung 2
§ 4. Literatur über Chinarinden 2
§ 5. Histologische Methode zur Untersuchung der Chinarinden 3
§ 6. Aeltere Eintheilung der Chinarinden 3
§ 7. Motive zur histologischen Methode 4
§ 8. Herstellung anatomischer Präparate und deren Aufbewahrung . . . 4
§ 9. Histologie der Chinarinden 5
§ 10. Methode zur botanischen Feststellung der Cinchonaarten 8
§ 11. Methode zur histologischen Feststellung der Cinchonaarten 13
§ 12. *Phoebus* anatomische Präparate der *Delondre-Bouchardat*'schen Chinarinden 16
§ 13. Systematik und Diagnostik der echten Chinarinden 17
§ 14. Systematik und Diagnostik der unechten Chinarinden 39

§ 1. Die pharmakognostische Sammlung der Berliner Universität war zu einer Zeit, wo die Pharmakognosie als besonderes Lehrobject noch nicht bestand, behufs der Vorlesungen über Materia medica von dem weiland Professor der Pharmazie *Th. Martius* in Erlangen käuflich übernommen. Sie war von geringer Bedeutung, von geringem Umfange, überdem in einem dem Licht wenig zugänglichen Raume höchst unzweckmässig aufgestellt und wurde daher auch wenig benutzt. Allmählich dem Zahn der Zeit und der Annobien verfallen und um so früher, als für die Erhaltung nicht das Geringste geschah, konnten die Droguen bei den erhöhten Ansprüchen der als selbständige Disziplin aufstrebenden Pharmakognosie auch nicht den allerbescheidensten Ansprüchen der Studierenden genügen. Durch die Munificenz des Cultusministerii wurde die Sammlung unter dem Directorium des Herrn Geheimerath *C. G. Mitscherlich* in grösserem Massstabe völlig neu eingerichtet und so viel wie möglich zweckmässig in einem hellen Raume aufgestellt.

§ 2. Die Droguen und chemischen Präparate befinden sich theils in 5 Wandspinden, theils in 14 aufrechten, freistehenden Schränken, welche den Raum des angewiesenen Locals ausfüllen und für ein eingehendes Studium hinreichend zugänglich sind. Die aus Eichenholz elegant und dauerhaft gearbeiteten, auf allen Seiten und oben mit Glas gedeckten Droguenschränke sind 4 seitig, etwas über $4'$ breit, um $\frac{1}{2}'$ tiefer und an ihrem Scheitelpunkt $3\frac{2}{3}'$ hoch. Die Wände sind senkrecht, das Glasdach fällt aber von der Mitte nach beiden Fronten in einem Winkel von 70^0 ab, so dass eine bequeme Betrachtung der Droguen von beiden Fronten her ermöglicht wird.

Jeder Schrank ist durch ein $4''$ hohes Diaphragma, welches nach beiden Fronten zu öffnende flache und die halbe Tiefe des Schranks einnehmende Schiebkästen enthält, in 2 ungleiche, über einander stehende Abtheilungen gebracht. Der untere, circa $2'$ hohe Raum enthält die grösseren Vorräthe, seltnere Droguen und verschiedene oben nicht vertretene Handelssorten, der obere etwa fusshohe und durch das Glasdach geschlossene Raum ist für die Aufstellung der wichtigeren Droguen in Krystallschalen bestimmt. Die Krystallschalen von $\frac{1}{2}'$ Durchmesser, 36 in jedem Schrank, stehen an jeder Front je 6 in 3 Reihen hintereinander und haben eine der Neigung des Dachs entsprechende, durch den Fuss ausgeglichene Höhe, die der vorderen Reihe von $4\frac{1}{2}''$, der mittleren von $6\frac{1}{2}''$ und der hinteren von $9''$.

Der bei der Einrichtung leitenden Idee nach sollten die einzelnen Schränke in einem Abstande von wenigstens 3 Fuss frei stehen, so dass sie von den Studierenden ringsherum in Augenschein genommen werden könnten, wobei auch die Droguen der unteren Abtheilung zur gebührenden Anschauung gelangen mussten, da der Inhalt bei dieser Aufstellung wegen der Glasfassung volles

Licht empfängt. Leider aber ist der Raum, der der Sammlung von dem Senat der Universität eingeräumt ist, so beschränkt, dass die Schränke in 3 Querreihen haben nahe an einander gerückt werden müssen, die ein 2½' breiter Weg von einander trennt, so dass nur die Vorder- und Hinterfronte passierbar sind. Es ist diese gezwungene Beschränkung um so bedauernswerther, als durch Hinzuziehung eines entbehrlichen benachbarten Hörsaales leicht eine Erweiterung des Raumes gewonnen werden könnte. Bei der jetzigen Beschränkung wird das Licht in der mittleren, zumal in der hinteren Reihe sehr gemindert, das Studium der in der unteren Abtheilung jedes Schrankes befindlichen Droguen im höchsten Grade beeinträchtigt und das Aufstellen neuer Droguen unmöglich gemacht.

In den Wandspinden befinden sich theils die aus der ursprünglichen *Martius*'schen Sammlung geretteten und die neuen von ihm geschenkten Droguen, theils die offizinellen Flüssigkeiten, chemischen Präparate und wesentlichen Pflanzenstoffe, theils chinesische Droguen und die Chinarindensammlung von *Pavon* und *Howard*, endlich auf eigenen Repositorien die Verpackungen. Die freien Droguenschränke sind gegen Licht und Staub durch Wachstuchdecken geschützt und nur während der Eröffnungszeit von der Hülle befreit.

§ 3. Was nun die Chinarinden der Sammlung anbelangt, so wurden aus *Martius* Sammlung nur die unechten Rinden beibehalten, die verschiedenen gebräuchlichen Handelsrinden in charakteristischen und schönen Exemplaren von der Handlung *Lampe*, *Kauffmann & Cp.*, welche auch die übrigen Droguen geliefert hatte und fortdauernd bei der Erneuerung liefert, bezogen und aufgestellt. Da jedoch diese immer ein Gemisch verschiedener Rinden darstellenden Handelssorten für ein eingehendes Studium der Chinarinden völlig unzureichend sind, indem in den Lehrbüchern eine vielfach grössere Anzahl beschrieben wird, so bewilligte das Cultusministerium den Ankauf von *Klotzsch*'s Chinarindensammlung. Diese schon Jahre lang im Besitze des Professor *Klotzsch*, weiland Custos des Königl. Herbarii, war bis dahin völlig unzugänglich, weil der Besitzer weder selbst sie wissenschaftlich verwerthete, noch Anderen die Bearbeitung gestattete. Sie besteht aus einer sehr gut erhaltenen Originalsammlung der Chinarinden von *Pavon*[1]), einer sehr reichen Collection künstlicher Chinarinden von *Howard*[2]), die auch einige von *Weddell* gesammelte Rinden einschliesst, ausserdem enthält sie noch von *Poeppig*, *Warszewicz*, *Moritz*. *Karsten* gesammelte Rinden aus Peru und Columbien. Ferner ist die hiesige Sammlung im Besitz mehrer von *Zimmer* in Frankfurt a/M. mitgetheilter Rinden, deren Alkaloidgehalt bestimmt ist.

§ 4. Die Literatur über Chinarinden ist so umfassend geworden, dass man sich billig vorher bedenken muss, dieselbe noch weiter zu vermehren, denn leider ist sie zum Turnierplatz gemacht, auf dem die verschiedenartigsten Kräfte sich die Sporen verdienen wollen. Phytognosten, Phytotomen, Pharmakognosten, Chemiker, Droguisten, Techniker, nicht selten ohne Kenntniss der nöthigsten Hülfswissenschaften, haben eine Literatur geschaffen, welche ohne fühlbaren Nachtheil auf einen Bruchtheil reduziert werden könnte. Es giebt nur einen Prüfstein, um unberechtigte

---

[1]) Ein Vergleich des anatomischen Baues der hiesigen *Pavon*'schen Rinden mit den Abbildungen, welche *Howard* in seiner vortrefflichen neuen Quinologie nach seinen Exemplaren gegeben hat, weist die Identität der Rinden beider Sammlungen nach; dadurch erledigt sich auch die mündliche Angabe von *Klotzsch*, dass seine Sammlung von *Ruiz* angelegt sei, weil die Handschrift der Benennung seiner Chinarinden dieselbe wie die im *Ruiz*'schen Herbario sei.

[2]) Die Rinden dieser Sammlung sind von *Howard* fast sämmtlich auf bestimmte Cinchonaarten bezogen, freilich in den meisten Fällen incorrect.

Ansprüche zurückzuweisen und zugleich auch eine Controlle über die richtige botanische Abgrenzung der Cinchonen zu gewinnen, nämlich das Mikroskop.

Wahrhaft trostlos sind mit wenigen Ausnahmen die älteren pharmakognostischen Arbeiten über Chinarinden. Wenn schon bei den übrigen Droguen kaum eine nothdürftig genügende Behandlung eingehalten wurde, so hörte bei der Bearbeitung der Chinarinden geradezu der gesunde Menschenverstand auf, man verzichtete darauf, Kennzeichen aufzustellen, verlangte, dass die Objecte dem Habitus nach erkannt und studiert werden sollten und hängte nur pro forma eine Beschreibung an, die an die bekannte Formel der Pässe und Steckbriefe „besondere Kennzeichen fehlen" erinnert. Ja man ging noch weiter! und suchte die Chinarinden nach den zufällig darauf vorkommenden und nicht vorkommenden Flechten zu unterscheiden und erreichte dadurch weiter Nichts, als dass gutwillige Droguisten, um den gestellten Anforderungen zu genügen, von den heimischen Holzhöfen entnommene Flechten auf die Rinden kleben liessen. Reminiscenzen aus dieser Periode haben sich noch in einigen Lehrbüchern erhalten. Da es aber den meisten Praktikern noch schwieriger erschien, die Flechten zu bestimmen als die Rinden, so verfiel man auf den widersinnigen Einfall, durch chemische Reaction die überhaupt nur ein Gemenge verschiedener Rinden darstellenden Handelssorten zu bestimmen und entwarf für die Handelssorten Reactionstabellen, die noch schlechter waren, als die Idee, der sie entsprangen. Zugleich überbot man sich in sinnlosem Haschen nach den nicht gekannten Stammpflanzen der eben so wenig gekannten Handelsrinden. Ein gesunder Zustand ist erst eingetreten mit der Ergründung des anatomischen Baues der Droguen, aber diese Periode der rationellen Pharmakognosie ist für die Chinarinden noch in ihrer Kindheit, da bis jetzt weder sämmtliche Cinchonen und ihre Verwandte gekannt, noch deren Entwickelungsstufen vollständig erschlossen sind.

§ 5. Aber, wird man fragen, ist denn diese neue Methode in der That zweckmässiger, einfacher als die frühere und wird sie auch die aufgewandte Mühe durch sicheren Erfolg belohnen? Zweckmässiger ist sie gewiss, denn man lernt dadurch nicht allein die ganze Organisation der Rinde kennen, von der bei einer bloss äusseren Betrachtung nicht die Rede sein kann, sondern man kann auch in den meisten Fällen mit Sicherheit bestimmen, was man vor sich hat. Ob sie einfacher ist, lässt sich nicht so leicht entscheiden, denn sie verlangt ein Instrument und eine Untersuchung, zu der immer eine gewisse Uebung erforderlich ist; indessen ist sie eine Methode, die zum Ziele führen muss, und die frühere Art der Bestimmung war keine. Man wird durch mikroskopische Untersuchung geleitet die Rinden der verschiedenen Cinchonen isolirt der chemischen Untersuchung unterwerfen und, ist ihr Alkaloidgehalt erst annähernd festgestellt, eine bestimmte Auswahl der Cinchonen treffen können, deren Rinden mit Vortheil zu verwerthen sind. Da diese Methode überhaupt Gewissheit über die Identität der Rinden und über ihre Abstammung gewährt, so ist sie auch einfacher und weiter reichend als eine empirische Bestimmung, die eben keine Gewissheit giebt.

§ 6. Bekanntlich theilte man die Chinarinden in graue oder braune, in gelbe und rothe ein. Dies ist aber eine sehr unsichere Eintheilung, da sich unendlich viele Mittelstufen vorfinden und Rinden derselben Art in verschiedenen Altersstufen zu verschiedenen Gruppen gehören können. Was nun die in Deutschland gebräuchliche, von *v. Bergen* herrührende Benennung der Handelssorten anbelangt, so beziehen sich diese nicht auf die Abstammung, sondern meist auf die Farbe und den Standort. Es sind diese Sorten in ihren Originalverpackungen nicht constante Rinden von bestimmten, sondern Gemenge von verschiedenen Cinchonaarten mit verschiedenem Alkaloidgehalt, obgleich bei derselben Sorte häufig eine bestimmte Rinde vorwaltet, und die Waare aus Peru hat andere Abstammung als die aus Ecuador und diese eine andere als die aus Neu-Granada.

§ 7. Einen Stein zu dem Gebäude beizutragen, ist der Zweck vorliegender Arbeit, zu der sich der Verf. durch Jahre lang fortgesetzte Beschäftigung mit der käuflichen Drogue in ihren Originalversendungen, durch vergleichende mikroskopische Untersuchung der *Pavon*'schen, *Howard*'schen und der gewöhnlichen Handelsrinden, so wie durch das Studium der von *Phoebus* hergestellten anatomischen Präparate der Rinden von *Delondre & Bouchardat* aufgefordert fühlt.

Eben so wenig, wie man in der systematischen Botanik jedes ohne Verstand abgerissene Exemplar sicher auf die Art beziehen, d. h. bestimmen kann, eben so wenig ist man im Stande, jedes Bruchstück irgend einer Chinarinde sicher systematisch unterzubringen und machen besonders ganz dünne, so wie sehr alte Rinden oft nicht zu überwindende Schwierigkeit; erstere weil ihr Bast noch nicht den Typus ausgewachsener Rinden zeigt, auch in der Mittelrinde noch Metamorphosen eintreten können; diese, wenn durch Abwerfen der äusseren Rindenschichten schon einige wesentliche Kennzeichen verloren gegangen sind. Auch die äussere Aehnlichkeit der Rinden ist nicht immer ein Zeichen ihrer Identität, wie denn die jüngeren Rinden verschiedener Arten in der Farbe und Runzelung sich sehr nahe kommen, z. B. C. conglomerata und C. parabolica etc., ältere Astrinden durch Korkwarzenbildung und Annahme einer mehr braunen Farbe huamaliesartig, z. B. C. Condaminea, scrobiculata, micrantha etc., durch überreiche Bildung von Chinaroth rubraartig, z. B. C. amygdalifolia, C. lancifoliae var., C. micrantha z. rotundifolia etc., und endlich Stammrinden nach Abwerfen der Borke regiaartig auftreten. Umgekehrt zeigen auch wieder verschiedene Altersstufen derselben Art verschiedenes Ansehn, theils durch Kork-, theils durch Borkebildung, und Ast- und Stammrinden weichen gewöhnlich bedeutend von einander ab, wie z. B. bei C. Condaminea. Je mehr ähnliche, bisher identisch gehaltene Rinden anatomisch untersucht werden, desto mehr wird man sich überzeugen, dass ein empirisches Bestimmen keinen Halt hat und nur das Mikroskop eine sichere Entscheidung gewährt. Aus den Herbarienexemplaren bestimmter Cinchonaarten, die gewöhnlich nur mit diesjährigem Aste versehen sind, kann man daher, wenn nicht zugleich spätere Altersstufen vorliegen, auf den Bau älterer Rinden keinen Rückschluss machen, da der Bast bei einjährigen Achsen kaum angelegt ist, später aber die Hauptmasse der Rinde bildet; selbst noch bei 1—2″ dicken Aesten baumartiger Cinchonen hält es oft schwer, den in den Stammrinden ausgeprägten Typus des Bastes aufzufinden. Der Ausspruch von *Klotzsch*, dass man ohne Ausnahme die Abstammung der käuflichen Chinarinden nach den Herbarienexemplaren feststellen könne, war daher nur eine seiner landläufigen Fictionen. Einige Cinchonaarten wachsen schneller als andere, daher kann es vorkommen, dass gleich dicke Rinden verschiedenes Alter und damit zusammenhängend auch verschiedene Ausbildung zeigen.

§ 8. Die Zubereitung der für die Bestimmung so wichtigen anatomischen Präparate ist keineswegs so schwierig, wie sie gewöhnlich geschildert wird. Alle Künsteleien, so wie die Beihülfe eines Mikrotoms sind völlig überflüssig, wenigstens lassen die auf diese Weise hergestellten Schnitte, welche Verf. bisher gesehen, sehr viel zu wünschen übrig. Man wählt, wenn überhaupt Auswahl gestattet ist, möglichst dichte, wenig zerfaserte Exemplare, sägt sie an einer geeigneten Stelle mit einer feinen Uhrfedersäge vom Bast beginnend vorsichtig quer durch, weicht sie auf der Schnittfläche in Wasser ein und nimmt dann mit einem schmalen, zwar scharf, jedoch nicht hohl geschliffenen Rasirmesser, welches man mit einiger Kraft flach gegen die Schnittfläche andrückt, feine Scheiben in grösserer Anzahl ab, wobei sowohl die Schnittfläche wie die Schneide mit Wasser nass zu erhalten sind. Diese Schnitte überträgt man mit einem Haarpinsel in eine Schale mit destilliertem Wasser, welches überhaupt ausschliesslich wegen der später in Gebrauch gelangenden Aetzlauge zu verwenden ist, und wäscht sie sorgfältig aus, um anhängende Splitterchen zu entfernen. Nun sucht man die gelungensten grösseren, wenn auch etwas dickeren und dünnsten kleineren Schnitte aus, überträgt sie in ein neues Schälchen mit weniger Wasser und setzt etwa die Hälfte von jenem von einer Flüssigkeit hinzu, die aus 1 Theil Aetzlauge und 2 Theilen Wasser gemischt ist und lässt nach vorsichtigem Umrühren mit einem Glasstabe über Nacht mazerieren. Nachdem dies geschehen, trennt man die mehr oder weniger dunkelbraunroth bis schwarzbraun gefärbte Lauge durch Decantieren und süsst die zurückbleibenden Schnitte in Zeitperioden mit Wasser so lange aus, bis kein Alkali mehr zugegen ist. Das vollständige Aussüssen ist nothwendig, damit die Präparate später unter der Aufbewahrung, zumal wenn kein ganz reines Glycerin verwendet wurde, durch Ausscheiden von Niederschlägen nicht unbrauchbar werden. Die Präparate werden dann nach einer der bekannten Methoden aufbewahrt. Verf. zieht als Conservierungsflüssigkeit Glycerin vor, da Präparate, die vor 10 Jahren angefertigt wurden, noch heute vollkommen brauchbar sind. Es bedarf wohl kaum einer besonderen Erwähnung, dass bei dieser Behandlung das Stärkemehl vollständig und ein grosser Theil des Chinaroths, so wie der gerbsauren Verbindungen verloren geht; zuweilen findet man sternförmig angeschossene nadelförmige Prismen der Chinabasen, natürlich nicht mehr auf der primären Lagerstätte. Zur Bestimmung des Stärkemehls müssen die Schnitte ohne Beihülfe von Lauge längere Zeit in Wasser aufgeweicht werden, dennoch nehmen die Zellenwände nie die ursprüngliche Turgescenz an, sondern bleiben zusammengefallen, und man kann sie nur für diesen Zweck gebrauchen. Rinden mit sehr sprödem Periderm oder solcher Borke rollen sich beim Schneiden auch bei der grössten Vorsicht zusammen und können auch nach der Mazeration mit Aetzlauge nur selten ohne Zerbrechen oder Einreissen aufgerollt werden. Hier ist es denn zweckmässig, die Rinde vor dem Schneiden längere Zeit in starken Spiritus zu stellen oder, wenn auch dies nicht hilft, sie auf der Schnittfläche mit verdünnter Aetzlauge zu befeuchten. Bei sehr dicken fasrigen Rinden, wie z. B. China flava fibrosa, auch wohl Ch. Calisaya und Boliviana, von denen man bei alleiniger Verwendung von Wasser keine zusammenhängende Scheibe, sondern nur zerbröckelte Bruchstücke erhält, gelingt die Operation, wenn man die mit der oben empfohlenen Vorsicht vorbereitete Rinde mit der Schnittfläche in die verdünnte Aetzlauge stellt, nach hinlänglichem Abspülen in Wasser mit fest und flach aufgedrückter Klinge die Schnitte vom Bast aus beginnend fortnimmt. Man kann so, freilich unter öfterem Wechsel der Messer, hinter einander zollbreite, zusammenhängende, dünne Scheiben erhalten. Für die sichere Bestimmung ist es nothwendig, stets mehre Schnitte sowohl von denselben als auch von einigen anderen Exemplaren derselben Art vorräthig zu halten. Wie schon *Phoebus* hervorhebt, kann man aus einem beliebigen einzelnen Präparat nicht immer sicher auf den Bau der Art schliessen. Die unter Glycerin zwischen 2 an beiden Enden durch einen schmalen Streifen gummierten Papiers zusammengehaltenen Glasplatten aufbewahrten Präparate lassen sich bei durchfallendem Licht schon mit der Lupe annähernd genau bestimmen. Gegen die Aufbewahrung der Präparate in Balsam muss Verf. sich entschieden aussprechen: sie sind zur Bestimmung völlig unbrauchbar. Alle Vorurtheile, die man gegen die mikroskopische Untersuchung der Chinarinden ausgesprochen, gründen sich nur auf die unzureichende Behandlung der Präparate.

§ 9. Was die Histologie der Chinarinden anbelangt, so weichen diese in ihrer allgemeinen Entwickelung nicht von den Rinden anderer Pflanzenfamilien ab, doch wird es nicht unzweckmässig sein, zum leichteren Verständniss der später folgenden speziellen Diagnosen dieselbe hier kurz zu schildern. Man unterscheidet überhaupt an der Rinde junger Achsen: die Epidermis, als äusserste Zellenlage, ferner das primäre, aus dem Terminalkambium entstandene Rindenparenchym oder die Mittelrinde und die secundäre, aus dem peripherischen Kambium hervorgegangene innere Rinde oder den Bast. Nur jüngere Rinden der Cinchonen besitzen alle drei Schichten, die älteren hauptsächlich nur den von Borke oder Kork bedeckten Bast. Der Kork entsteht schon im ersten Jahre unter der dann verloren gehenden Epidermis und ist gewöhnlich ein aus tafelförmigen, inhaltsleeren oder mit Chinaroth erfüllten Zellen bestehendes Periderm, zuweilen ein wahrer Schwammkork aus schlaffen, ziemlich weiten, blassbräunlichen, inhaltsleeren Zellen, die, wie überhaupt beim Korkgewebe radiale und meist auch tangentiale Reihen bilden. Die innersten Zellen des Korks, das Korkkambium, sind noch lebensthätig und gewöhnlich mit Stärke erfüllt. Die Mittelrinde ist ein Parenchym, dessen tangential gestreckte Zellen durch einen braunrothen Inhalt gefärbt sind, und Stärkemehl, bei jüngeren Rinden in der äusseren Schicht auch Chlorophyll enthalten, zuweilen aber mit einem Krystallmehl von oxalsaurem Kalk völlig erfüllt sind. Zuweilen schon im ersten Jahre, häufiger aber, wenn es überhaupt stattfindet, später verdickt sich die Wandung einzelner oder einer Mehrzahl der Zellen mehr oder weniger vollständig, so dass wahre, inhaltslose, mit Verdickungsschichten und Porenkanälen versehene Steinzellen oder, wenn sie noch ein mit braunrothem Inhalt erfülltes Lumen bewahren, Saftzellen, entstehen; diese dickwandigen Zellen sind meist tangential gestreckt, zuweilen, zumal bei Ladenbergiarinden, auch bei China flava fibrosa, ausserordentlich breit. Bei einigen Rinden, z. B. bei China Uritusinga, Ch. hirsuta, Ch. heterophylla, Obaldiana etc., ziehen sich einige Reihen kleinerer, dünnwandiger Parenchymzellen in schief-radialer Richtung durch die Mittelrinde gegen die Baststränge, fast als eine peripherische Verlängerung der Baststrahlen, was jedoch nicht sein kann, da die Mittelrinde früher da ist, als der Bast. An der Grenze der Mittelrinde gegen den Bast findet sich bei einer grösseren Anzahl von Arten ein lockerer Kreis weiterer oder engerer, von einer eigenen Haut umkleideter Saftröhren, die gewöhnlich einzeln, zuweilen gepaart vor den Baststrängen, jedoch in der Regel nicht vor jedem, stehen; sie werden später zuweilen durch die anwachsenden benachbarten Parenchymzellen verdrängt oder durch endogene Zellenbildung ausgefüllt, zuletzt mit der Borke abgeworfen. Wie das im Charakter der Mittelrinde liegt, so wird sie beim weiteren Auswachsen der Achse nicht dicker, sondern behält den ursprünglichen Durchmesser bei, aber sie wächst in peripherischer Richtung weiter aus, indem sich einzelne Zellen durch Bildung einer radial verlaufenden Scheidewand theilen und die dadurch entstandenen Tochterzellen für sich in tangentialer Richtung fortwachsen, um später wiederum eine Theilung zu erleiden. Daher ist die Zellenzahl der Mittelrinde bei der älteren Rinde grösser als bei der einjährigen, aber in den peripherischen Zonen nimmt sie Jahr für Jahr stetig zu, so lange die Mittelrinde überhaupt lebensthätig ist. Später stirbt sie durch Eindringen von Korkschichten ausserhalb dieser allmählich ab, wird zur Borke und endlich abgeworfen. Die Innenrinde oder der Bast entsteht im ersten Jahre aus dem peripherischen Theil der Kambiumstränge, die nach sich nach unten nach oben zu Gefässbündeln werden mit bleibendem Kambium, später des peripherischen Kambium, welches Holz und Bast trennt. Sie ist bei jüngeren Rinden sehr dünn, wächst allmählich nach und ist bei alten Rinden oft nur allein vorhanden. Sie ist aus wechselnden Baststrahlen und Markstrahlen zusammengesetzt. Die Baststrahlen bestehen aus Bastparenchym und Bastzellen. Das Bastparenchym ist aus vertikal gestreckten Zellen gebildet, welche bedeutend dünner als die der Mittelrinde und bei jüngeren Rinden auch als die der Markstrahlen, gewöhnlich durch einen braunrothen, amorphen Inhalt gefärbt sind und

Stärkemehl, seltner und dann ausschliesslich ein Krystallmehl, sehr selten einzelne grössere Krystalle von oxalsaurem Kalk enthalten; die organischen Basen oder ihre Salze sind nicht im krystallinischen Zustande wahrzunehmen. Innerhalb des Bastparenchyms finden sich die Bastzellen in radialen, unterbrochenen oder seltner ununterbrochenen Reihen oder in Gruppen, welche häufig eine tangentiale Ordnung wahrnehmen lassen. Die Bastzellen sind bei allen echten Cinchonen, mit Ausnahme der innersten, unmittelbar an das Kambium grenzenden vollständig verholzt und mit deutlichen Verdickungsschichten und Porenkanälen versehen, so dass das Lumen nur als ein dunkler Punkt auf dem Querschnitt oder als schmale Linie auf dem Längsschnitt erscheint. Sie sind immer gegen beide Enden verschmälert und hier gegen einander gestellt, von gelblicher bis orangerother Farbe, dicker oder dünner, die dickeren mehr verkürzt als die dünneren, zuweilen in demselben Bast von verschiedener Dicke, auf dem Querschnitt meist radial gestreckt, so dass der radiale Durchmesser den tangentialen übertrifft. Auf dem tangentialen Längsschnitt des Bastes verlaufen sie meist gerade oder wenig gegen einander gebogen, nie stellen sie ein weitmaschiges Netz dar, wie bei unechten Chinarinden. Bei vielen Rinden kommen mit den Bastzellen zugleich auch andere ihnen sehr ähnliche, eben so verlängerte stabförmige Steinzellen vor; sie sind aber weit dünner, an beiden Enden abgestutzt, zwar dickwandig, aber mit deutlichem Lumen versehen. Bei den Ladenbergien sind sie überwiegend vorhanden, zuweilen mit Ausschluss wahrer Bastzellen. Markstrahlen sind grosse und kleine vorhanden. Die grossen Markstrahlen treten gewöhnlich mit 3 Zellenreihen aus dem Holz in die Rinde, verbreiten sich aber nach aussen keilförmig und bestehen zuerst, zumal bei ausgewachsenen Rinden, aus schmalen, radial gestreckten Parenchymzellen, die sich gegen die Mittelrinde allmählich tangential ausdehnen, theilen und zuletzt ohne scharfe Grenze in die Mittelrinde übergehen, sie sind oft ziemlich genähert, zuweilen aber in einzelne Zellenreihen aufgelöst. Wie in der Mittelrinde verholzen auch hier in dem äusseren Theil zuweilen einige Zellen zu Stein- oder Saftzellen. Die kleinen Markstrahlen finden sich zwischen den grossen in grösserer oder geringerer Anzahl und trennen nicht selten die einzelnen Bastzellenreihen von einander; sie treten stets mit nur einer Zellenreihe in die Rinde und bleiben auf diese beschränkt oder theilen sich wohl in 2 Reihen, oder häufiger verbreitern sie sich keilförmig gegen die Mittelrinde. Ihre Zellen sind bei jüngeren Rinden auffallend grösser als die des Bastparenchyms, bei zunehmendem Alter der Rinde gleicht sich diese Verschiedenheit aus, so dass sie nur schwer zu verfolgen sind. Die Borke entsteht dadurch, dass sich dünne, bogenförmige, mit dem konvexen Rücken nach innen gekehrte Peridermlagen in gewissen Abständen unter sich allmählich von aussen nach innen vorschreitend innerhalb der bis dahin lebensthätigen Rinde bilden. Da durch den schnell absterbenden Kork kein Saftaustausch vor sich geht, so müssen die ausserhalb des Periderm liegenden Rindenschichten allmählich absterben, werden aus dem thätigen Organismus als Borkeschuppen abgegliedert und endlich nach längerer oder kürzerer Zeit abgeworfen. Indem nun stetig von aussen nach innen fortschreitend stets neue, von den älteren durch Rinde getrennte Peridermlagen entstehen und sehr bald auch in den Bast dringen, so häuft sich ausserhalb der lebenden Rinde, die, wenn nicht vom Kambium fortwährend eine bedeutende schnellere und mehr massige Erneuerung des Bastes ausginge, zuletzt völlig verschwinden müsste, eine Anzahl abwechselnder konzentrischer Lagen von abgestorbenem Rindengewebe und Periderm, die Borke. Diese unterscheidet sich daher durch Gegenwart von abgestorbenen Rindeschichten von dem reinen Kork und erscheint auf der Schnittfläche immer aus helleren und dunkleren Lagen geschichtet. Es lassen sich noch deutlich in den abgestorbenen Bastschichten die Bastzellen und in denen der Mittelrinde noch die Steinzellen, nicht selten sogar Saftröhren erkennen, daher ist die von *Karsten* aufgestellte Behauptung, dass die Wandungen beider resorbiert würden, nicht begründet. Da allein in der Innenrinde Bastzellen vorkommen, so lässt sich für jede Rinde leicht bestimmen, ob sie noch mit einer Mittelrinde versehen ist oder nicht; denn wenn auf dem Querschnitt die Bastzellen bis zur innersten Korkschicht reichen, so war die Mittelrinde durch Bildung von Borke bereits verloren gegangen.

§ 10. Es ist hier nicht die Aufgabe, die Geschichte der Chinarinden zu verfolgen, da sie in jedem Lehrbuch der Pharmakognosie erörtert wird. Die Namen derjenigen, welche sich um die Förderung dieser Kenntniss verdient gemacht haben, sind Jedermann bekannt; ihre Leistungen werden im Verlauf dieser Abhandlungen gewürdigt werden. Dagegen lässt es sich nicht umgehen, die botanische Systematik zu besprechen, da sie auch für den anatomischen Theil von Bedeutung ist. In der systematischen Feststellung der Cinchonaarten herrscht noch eine zu grosse Willkühr, die nur bei genauerem Studium der Pflanzen ausgeglichen werden kann. Durch den Ausspruch *Humboldt's* verleitet, dass die Cinchonen so ausserordentlich variieren, hat zumal *Weddell* in seiner Monographie zusammengezogen, was irgend nur zusammenziehbar war, und ist dadurch in einen grösseren Fehler gefallen, als wenn er es beim Alten gelassen hätte. Denn es ist für die Systematik minder schädlich, wenn ausgezeichnete Varietäten als Arten aufgestellt werden, als wenn man fehlerhaft selbständige Arten als Varietäten zu einer einzigen Art vereinigt, da sie im letzteren Falle gewöhnlich dem weiteren Studium sich entziehen. Auch ist die gemeinschaftlich für die zusammengezogenen Arten entworfene Diagnose entweder für jede einzelne falsch oder mit zu weiten Grenzen aufgestellt, in welchem Falle dann wieder die Trennung von verwandten Arten erschwert oder unmöglich gemacht wird. Dass *Weddell* in dem Einzelnen von Arten zu weit gegangen ist, beweist das Studium des anatomischen Baues. Die zu einer Art gehörenden Unterarten müssen denselben speziellen anatomischen Bau zeigen und dürfen nur in untergeordneten Kennzeichen abweichen; ist dies nicht der Fall, so sind sie selbständige Arten und es werden sich auch in den äusseren Organen beständige Unterscheidungskennzeichen auffinden lassen. Andererseits hat man bei den als selbständig angesehenen Arten, welche in ihrem speziellen anatomischen Bau Uebereinstimmung zeigen, wohl zu prüfen, ob die aufgestellten Differenzen in den äusseren Organen auch beständig sind. Ohne besonders auf die botanische Klassification der Cinchonen einzugehen, wird es genügen, eine auf den anatomischen Bau begründete Kritik der von *Weddell* angenommenen Arten, so weit das Material vorliegt, auszuüben und mit den von *Candolle* und *Klotzsch* ausgesprochenen Ansichten zu verbinden, und folgt daher hier die Aufstellung der Arten nach *Weddell's* Anordnung.

1. Cinch. Calisaya *Wedl.* Von dieser Art sind die Rinden in verschiedenen Entwickelungsperioden hinlänglich gekannt und untersucht. Der Stammrinde steht die der **C. Boliviana** *Wedl.* nach einem durch *Howard* übermittelten Originalexemplar so nahe, dass sie kaum zu unterscheiden sind. Obgleich *Weddell* die beiden Arten weit auseinander stellt, so sind die Diagnosen doch nicht sehr verschieden, wenn nicht letzterer Art etwa die Blattgrübchen fehlen.

2. C. Condaminea *Lamb.* — *Candolle* in seinem Prodromus unterscheidet 2 Varietäten: zu der Hauptart zitiert er C. officinalis *L.* und C. Uritusinga *Pav.*, zur Abart C. Chahuarguera *Pav.* zieht er das Fruchtexemplar der *Humboldt'*schen Abbildung. *Klotzsch* trennt dieses als C. Bonplandiana. — *Weddell* stellt 5 Varietäten auf: α) vera mit folgenden Synonymen: C. officinalis *L.*[1]), C. lancifolia *Rohde*, C. Condaminea *Hb. Bpl. Kth.*, C. Bonplandiana *Kl.*, C. Chahuarguera

---

[1] Es ist durch *Humboldt* bekannt, dass C. officinalis *L.* aus C. Condaminea *Hb. Bpl.* und Cinch. pubescens *Vahl* besteht.

Pav., C. Uritusinga *Pav.*, C. stupea *Pav.*, also mit Ausnahme letzteren Citates die *Candolle*'sche Art; β) Candollii, dazu wird citiert: C. macrocalyx *Pav.*: γ) lucumaefolia, C. lucumaefolia *Pav.*; δ) lancifolia, dazu als Synonyme: C. lancifolia *Mutis*, C. angustifolia *Ruiz & Pav.*, also nur die Var. γ von *DC's.* C. lancifolia; ε) Pitayensis = C. lanceolata *Bth.*, nec *Rz. & Pv. Weddell* hat also zur ersten Varietät drei *Pavon*'sche Arten: C. Chahuarguera, C. Uritusinga und C. stupea, ausserdem C. Condaminea *Hb.* und C. Bonplandiana *Kl.* vereinigt. Was nun die *Pavon*schen Pflanzen anbelangt, so sind sie ihrem anatomischen Bau nach entschieden speziell von einander verschieden und selbständige Arten. Denn bei C. Uritusinga stehen die Bastzellen, obgleich eine einigermassen tangentiale Anordnung nicht zu verkennen ist, in unterbrochenen radialen Reihen, auch sind Saftröhren vorhanden, bei C. Chahuarguera, welcher die Saftröhren fehlen, stehen die Bastzellen in Reihen und in Gruppen, beiden fehlen aber die Steinzellen; C. stupea endlich, ohne Saftröhren, ist mit zahlreichen Steinzellen in der Mittelrinde versehen und zeigt sich durch verkürzte Einzel- und Doppelreihen von Bastzellen von den beiden anderen Arten verschieden. *Humboldt*'s C. Condaminea kommt zwar im anatomischen Bau der Rinde mit C. Uritusinga *Pav.* überein, doch abgesehen von den geringeren histologischen Unterschieden, indem hier eine tangentiale Anordnung der Bastzellen nicht wahrzunehmen ist, ist sie doch durch die kürzer gestielten Blätter und durch den gedrängteren Blüthenstand von *Humboldt*'s Art verschieden. Was die C. Bonplandiana *Klotzsch* anbelangt, so ist ihre Stellung noch sehr unsicher, denn die Rinde einer von *Klotzsch* selbst als zu seiner C. Bonplandiana bestimmten, von *Warszewicz* gesammelten Art im Berliner Herbarium gehört zu C. macrocalyx. Es sind hier also mindestens 4 selbständige Arten zu einer Varietät vereinigt. Die 2te Varietät enthält nur C. macrocalyx *Pav.* Es lässt sich nicht in Abrede stellen, dass diese Art im anatomischen Bau Aehnlichkeit mit C. Chahuarguera *Pav.* hat, und andererseits zeigt die Verwechselung derselben mit C. Bonplandiana *Kl.* oder, wenn man auf diese Trennung keinen Werth legt, mit C. Condaminea *Hb.*, dass sie im Habitus dieser nahe kommt: dennoch ist sie speziell von C. Chahuarguera durch die reichlichen Steinzellen in der Mittelrinde und die fast noch einmal so dicken blassgelblichen Bastzellen hinlänglich verschieden, aber auch wieder nicht durch die zu Gruppen zusammengestellten Bastzellen mit C. Condaminea zu vereinigen. Sie stellt also die 5te selbständige Art dieser Zusammenstellung dar. Die 3te Varietät, C. lucumaefolia, kommt freilich im Bau durch die zu Gruppen vereinigten Bastzellen und durch die Gegenwart von Steinzellen in der Mittelrinde mit C. macrocalyx überein, scheint mir aber dessen ungeachtet eine selbständige Art vorzustellen, indem theils die Steinzellen eine mehr zusammenhängende Schicht darstellen, dann aber die dünneren, orangegelben Bastzellen sämmtlich zu isolierten Gruppen vereinigt sind, ausserdem ist eine Borke vorhanden, die der C. macrocalyx fehlt. Andererseits ist sie wieder der in der 1. Varietät untergebrachten C. stupea sehr verwandt, von der sie sich durch die oft in tangentialer Anordnung gereihten Bastbündel neben vereinzelten Bastzellen unterscheidet. Die 4te Varietät, C. lancifolia, ist durch den eigenthümlichen Bau ihrer Rinde von allen anderen Cinchonen leicht zu unterscheiden und kommt daher auch darin mit keiner der oben angeführten Arten überein. Es fehlen ihr die Saftröhren, die Steinzellen in der Mittelrinde sind zu einer fast zusammenhängenden Schicht vereinigt, die oft ziemlich dünnen Bastzellen stehen in Einzel- und Doppelreihen und sind in grosser Anzahl von dünneren stabförmigen Steinzellen begleitet. Es ist wirklich unverzeihlich, dass diese ausgezeichnete Art mit C. Condaminea vereinigt werden konnte. Eben so scheint die letzte Varietät, C. Pitayensis, eine selbständige Art, die freilich der C. lancifolia nahe steht, jedoch durch die mangelnden Steinzellen und die bedeutend dünneren, einfache, unterbrochene radiale Reihen bildenden Bastzellen, so wie durch die ganze

Textur der Rinde hinlänglich verschieden ist. Somit hat *Weddell* zu dieser einen Art 8. sage acht, selbstständige Arten als Varietäten vereinigt, was denn freilich für den Monographen einer so kleinen Abtheilung einer Familie etwas über unseren deutschen Verstand hinausgeht.

3. **C. scrobiculata** *Humb. B.* Keine der bis jetzt gekannten Cinchonen, mit Ausnahme der C. amygdalifolia und C. australis, kommt im anatomischen Bau mit der vorstehenden Art überein. Sie hat die dünnsten, in fast ununterbrochenen radialen Reihen stehenden Bastzellen und neben diesen noch Stabzellen, ausserdem sind weite Saftröhren und Steinzellen in der Mittelrinde vorhanden. Mit Recht stellt sie daher *Candolle* als selbstständige Art hin, ohne sie mit einer *Pavon*'schen zu vereinigen. *Weddell* betrachtet sie zwar auch als besondere Art, theilt sie aber in 2 Varietäten, deren erste, C. purpurea *Lamb.*, C. micrantha *Lindl.*, durch 2—3 mal dickere, häufig gruppenweise geordnete Bastzellen weit verschieden ist; deren zweite mir nicht vorliegt. *Klotzsch* zieht die Art als identisch zu C. micrantha *Rz. & Pav.*, die durch mangelnde Saftröhren und Steinzellen, so wie durch dickere Bastzellen völlig abweicht.

4. **C. amygdalifolia** *Wedd.* Sie steht wie im System, so auch im anatomischen Bau der vorigen Art sehr nahe. Die Bastzellen sind eben so dünn, stehen aber in Einzel- und Doppelreihen, die häufig Gruppen darstellen, Stabzellen sind gleichfalls vorhanden.

5. **C. nitida** *Rz. & P.* Diese von *Klotzsch* und *Weddell* als selbstständige Art angesehene Art von Cinchona zieht *Candolle* als Varietät zu C. lancifolia, von der sie durch die fehlenden Steinzellen und unter sich und zwar periodisch ungleich dicken Bastzellen, so wie durch mangelnde Stabzellen hinlänglich verschieden ist.

6. **C. australis** *Wedd.* Steht im Bau der C. scrobiculata nahe, hat jedoch nur enge Saftröhren, auch fehlen die Steinzellen.

7. **C. Boliviana** *Wedd.* Ist schon oben bei C. Calisaya, von der sie kaum verschieden erscheint, besprochen.

8. **C. micrantha** *Rz. & Pav.* Pavon rechnet diese Cinchone zu denen, welche unterseits in den Nervenwinkeln mit Grübchen versehen sind; an dem vorliegenden Exemplar konnte Verf. jedoch nur einen derben Bart wahrnehmen, und ist sie dadurch zumal von C. scrobiculata verschieden, mit der sie *Klotzsch* irrthümlich vereinigt hat. *Candolle* und *Weddell* führen sie als besondere Art auf. Letzterer unterscheidet α) rotundifolia, β) oblongifolia als Varietäten.

9. **C. pubescens** *Vahl.* Ueber diese Art sind die Ansichten sehr getheilt. *Candolle* unterscheidet 4 Varietäten: α) cordata, dazu als Syn. C. cordifolia *Mut.*, C. rugosa *Pav.*; β) ovata, C. ovata *Rz. & P.*; γ) hirsuta, C. hirsuta *Rz. u. P.*; δ) heterophylla, C. heterophylla *Pav.* Diese 4 sogenannten Formen sind aber sämmtlich im anatomischen Bau verschieden und mit Ausnahme der C. heterophylla, die ihm unbekannt war, von *Weddell* als selbstständige Arten angesehen. Wir finden also die mehr als sonderbare Classification, dass in der Art, also C. pubescens *Vahl.* zwar 4 fremde Arten repräsentiert sind, jedoch nicht die Hauptart, d. h. die *Vahl*sche Pflanze. *Weddell* führt 2 Varietäten auf: α) Pelletiereana, aus der citierten C. officinalis *L.* ersieht man, dass *Weddell* die *Vahl*sche Pflanze meint, was in dieser Fassung unrichtig ist, denn die C. officinalis *L.* ist ein Compositum aus C. Condaminea *Hb.* und C. pubescens *Vahl*; β) purpurea. *Klotzsch* lässt die Art ungetheilt, bringt aber die C. pubescens in *Poeppig*'s Herbar zu seiner C. discolor. *Karsten* versteht darunter irgend eine verschiedene Art, da der anatomische Bau, den er für dieselbe beschreibt, völlig von dem der C. pubescens abweicht. *Pavon*'s C. lutea ist die *Vahl*sche Art oder steht ihr doch sehr nahe. Die echte Cinch. pubescens zeichnet

sich durch derbe, zitrongelbe oder dunklere Bastbündel aus, die mehr oder weniger deutlich tangential geordnet stehen. Keine von den Arten, die *DC.* als Formen aufgeführt hat, zeigt diesen Bau. — C. cordifolia *Mut.* besitzt radial geordnete, ungleich dicke, von Stabzellen begleitete, in einem kleinzelligen Füllgewebe befindliche Bastzellen und hat weder Saftröhren noch Steinzellen in der Mittelrinde. C. rugosa *Pav.* ist nach *Howard*'s Abbildung eine ganz andere Pflanze und kommt besser mit C. heterophylla *Pav.* überein. Die Rinde findet sich in unserer Sammlung nicht. — C. ovata *Rz. & P.*, in der Mittelrinde mit weiten Saftröhren und reichlichen Steinzellen versehen, hat nur untergeordnete Gruppen von Bastzellen, die nicht von Stabzellen begleitet sind. — C. hirsuta *Rz. & P.* kommt der C. cordifolia zwar näher, indem Saftröhren und Steinzellen fehlen, auch die Bastzellen radial geordnet stehen, aber diese sind sehr spärlich vorhanden, es fehlen die Stabzellen, auch ist die Mittelrinde weit dünner. — C. heterophylla *Pav.* endlich, mit einer als Loxa China in den Handel kommenden Rinde, mit engen Saftröhren und ohne Steinzellen in der Mittelrinde, dagegen reichlich mit Krystallzellen ausgestattet, zeigt nur spärliche Bastzellen, die nach innen Gruppen bilden und von Stabzellen nicht begleitet sind. — Was nun die *Vahl*'sche Art anbelangt, so handelt es sich darum, ob *Weddel*'s C. Pelletiereana oder *Pavon*'s C. lutea die Hauptart bilden. Bei beiden sind derbe, dunkelfarbige, aus sehr dicken Bastzellen bestehende Bündel vorhanden, beide haben Saftröhren, aber bei der ersteren sind reichlich Steinzellen vorhanden, die dieser völlig oder fast völlig fehlen. — C. purpurea *Rz. & P.* zwar beiden verwandt, ist durch dünnere, ungleiche, mehr tangential, als in Gruppen geordnete, von Stabzellen begleitete Bastzellen verschieden.

10. C. cordifolia *Mut.* Wie schon erwähnt, zieht *Candolle* sie als Varietät zu C. pubescens *Vahl*. *Klotzsch* betrachtet sie als selbständige Art, eben so *Weddell*, der sie unter 2 Formen bringt, nämlich: α) vera, die Art von *Mutis*, β) rotundifolia *Pav.*, die *Klotzsch* für eigenthümlich hält. Eine C. rotundifolia *Pav.* hat weder *Howard* in seiner Quinologie aufgeführt, noch findet sich eine Rinde derselben in unserer Sammlung.

11. C. purpurascens *Wedd.* Die Rinde ist mir unbekannt.

12. C ovata *Rz. & P.* — *Candolle* zieht diese Art, wie oben schon erwähnt wurde, als Varietät zu C. pubescens. *Klotzsch* und *Weddell* führen sie als selbständig auf. Letzterer, welcher die echte Art der Flora Peruviana gar nicht gekannt haben muss, unterscheidet 3 Varietäten: α) vulgaris mit C. pubescens *Lamb.* als Synonym; β) rufinervis; γ) erythroderma. Die Rinden der beiden ersten Formen habe ich untersuchen können, die der dritten kenne ich nicht, *Weddell* leitet von ihr eine rothe China ab. Von dem Bau der Rinde der C. ovata ist schon oben die Rede gewesen, er weicht völlig ab von dem der C. rufinervis, die weiter nichts ist als die Rinde der C. succirubra *Pav.* und die China rubra dura des Handels vorstellt. Dieser fehlen die Steinzellen und die Bastzellen stehen in Reihen, nie gruppenweise geordnet. Es müssen daher die beiden letzten Varietäten, vorausgesetzt, dass C. erythroderma und rufinervis zusammengehören, von C. ovata *Rz. & P.* getrennt werden, wenn sie auch mit C. ovata *Wedd.* vielleicht vereinigt bleiben können.

13. C. Chomeliana *Wedd.* Die Rinde ist mir unbekannt.

14. C. glandulifera *Rz. & P.* Mit dieser Art, welche *Candolle* und *Weddell* für eigenthümlich halten, vereinigt *Klotzsch* C. Mutisii β *Lambert*. *Pavon* hat später diese Art C. undulata genannt. Aus der Vergleichung des anatomischen Baues der *Pavon*'schen Rinde geht hervor, dass sie nicht identisch ist mit der von *Poeppig* und der von *Howard* mit diesem Namen bezeichneten Rinde. Sie hat keine oder fast keine Steinzellen und, wie schon *Karsten* beobachtete, weite Saftröhren, so wie in Reihen gestellte. stellenweise gehäufte Bastzellen.

15. **C. asperifolia** *Wedd.* Ihre Rinde ist mir unbekannt.

16. **C. Humboldtiana** *Lamb.* *Candolle* citiert zu dieser Art C. ovalifolia *Hb. Bonpl.*, welche nach *Klotzsch* zur Gattung Ladenbergia, nach *Weddell* zu Lasionema gehört, also keine echte Cinchona ist. *Weddell* vereinigt mit ihr C. villosa *Lindl.* Mir ist die Rinde unbekannt.

17. **C. Carabayensis** *Wedd.* Die Rinde kenne ich nicht.

18. **C. Mutisii** *Lamb.* Zu dieser Art zieht *Klotzsch* C. parabolica *Pav.*, dagegen führt *Weddell* als Synonym C. glandulifera *Lindl.* auf und theilt sie in 2 Formen: α) microphylla *Mut.*, C. quercifolia *Pav.*; β) crispa, C. quercifolia var. crispa *Pav.* — Weder in *Howard*'s Quinologie, noch in *Pavon*'s Sammlung findet sich eine C. quercifolia, wohl aber C. microphylla *Pav.*, welche im anatomischen Bau der schon oben unter Nr. 2. β. erwähnten C. macrocalyx zwar nahe tritt, doch im Habitus nach den Abbildungen von *Howard* sehr abweicht.

19. **C. hirsuta** *Rz. & P.* Sie wurde von *Candolle* irrig als eine Varietät von C. pubescens gehalten. *Klotzsch* und *Weddell* betrachten sie als eigenthümliche Art. Sie steht im anatomischen Bau der C. nitida sehr nahe.

20. **C. discolor** *Kl.* soll mit der C. obovata *Pav.* identisch sein; mir sind beide unbekannt.

21. **C. Pelalba** oder Palalba, wie *Howard* schreibt, *Pav.* Ich kenne nur die junge Rinde, bei der der Typus noch nicht ausgeprägt ist; sie kommt der C. Pitayensis ziemlich nahe.

Hiermit schliessen in *Weddell*'s Monographie die echten Cinchonen, deren Anzahl durch Reactivierung der ohne Grund eingezogenen Arten bedeutend höher ausfällt. Es würden daher als *Pavon*'sche in *Howard*'s Quinologie beschriebene Arten noch hinzukommen, und zwar mit grübchenlosen Blättern: C. coccinea, decurrentifolia, erythrantha, lanceolata, lucumaefolia, lutea, macrocalyx, obtusifolia, parabolica, purpurea, rugosa, stupea, subcordata, succirubra, viridiflora; mit grübchentragenden Blättern: C. Chahuarguera, Uritusinga, conglomerata, heterophylla, Palton, suberosa, umbellulifera, violacea. Von diesen möchte die C. viridiflora nach dem anatomischen Bau mit C. Pelletiereana zusammenfallen. C. amygdalifolia und C. parabolica haben zwar grosse Aehnlichkeit in ihrem anatomischen Bau, doch müssen sie wegen ihrer abweichenden Tracht für verschiedene Arten angesehen werden; eben dasselbe gilt für C. lutea und C. decurrentifolia. Dagegen fallen C. succirubra und C. ovata, β. rufinervis zusammen und eben so C. ovata, erythroderma mit der Stammpflanze der China rubra suberosa, die dem anatomischen Bau nach C. coccinea sein kann. C. stupea, lucumaefolia und microphylla, durch die Histologie ihrer Rinde zusammenfallend, sind im Habitus hinreichend verschieden, um selbständige Arten darzustellen. Ausserdem sind als Arten noch zu erwähnen: C. corymbosa, Tucujensis *Karsten*, C. Obaldiana *Kl.*, C. Reicheliana, Pahudiana, Peruviana *How.* und mehre andere weniger gekannte, so dass sich die Zahl der beschriebenen echten Cinchonen bis jetzt auf etwa 50 beläuft. Es ist daher eine neue systematische Bearbeitung der Cinchonen, welche auch der Histologie Rechnung trägt, ein dringendes Bedürfniss, da *Weddell*'s Histoire in systematischer Beziehung in höchsten Grade ungenügend und *Howard*'s neue Ausgabe von *Pavon*'s Quinologie viel zu einseitig und ohne ausreichende Kritik durchgeführt sind. Zu solcher Arbeit kann nur derjenige befähigt sein, der im Vaterlande die Cinchonen lebend studierte und bei vollständigem, reichlichem, so wie in verschiedenen Entwickelungszuständen vorhandenem Material mit der Kenntniss der Histologie, systematischen Botanik und Pharmakognosie einen sicheren Takt für die praktische Durchführung verbindet.

§ 11. Was nun die Anordnung des Materials für die histologische Bearbeitung der Chinarinden anbelangt, so verlangt *Phoebus* in seiner vortrefflichen, anregenden Arbeit über die *Delondre—Bouchardat*'schen Chinarinden, dass die Rinden nach der botanischen Classification der Arten zu ordnen seien. Man könnte dieser Anforderung beipflichten, wenn bereits eine botanische Classification bestände, so aber muss die jetzt bestehende sogenannte botanische Classification zunächst erst nach dem anatomischen Bau berichtigt werden. Für die Classification der Rinden können jedoch nur die Factoren masgebend sein, durch welche sie sind, was sie sind. Sie können daher selbstverständlich nur nach ihrer Organisation zu einem gliederten System geordnet werden.

Nachdem oben bereits ein allgemeiner Ueberblick über die Organisation der einzelnen Rindenschichten und ihrer Elemente gegeben ist, so kommt es zunächst darauf an, da nicht sämmtliche Elementarorgane von gleichem Werth sein können, diesen zu bestimmen. Der Werth derselben hängt von der Wichtigkeit ihrer Function ab. Die Function ist aber einerseits für die verschiedenen Entwickelungsperioden nicht denselben Organen angewiesen, andererseits kennen wir dieselben noch lange nicht genau genug. Daher setzen wir dafür lieber, dass der Werth von ihrer Beständigkeit abhänge, da eben die für eine gewisse Entwickelungsperiode beständig vorkommenden Organe ihren vollen Werth haben; treten sie später durch den stetig fortschreitenden Lebensprozess ausser Function, so sind sie eben für die Erhaltung nicht mehr nothwendig und werden durch andere ersetzt. Es geht daraus hervor, dass die Aussenrinde, mag sie im ersten Jahre nur als Epidermis vorhanden sein, später aber durch Kork oder Borke ersetzt werden, zu jeder Zeit eine innige Beziehung zu den inneren Theilen der Rinde hat; dass die Mittelrinde für jüngere Rinden, wo der Bast noch nicht zu seiner typischen Ausbildung gelangt ist, brauchbare Kennzeichen geben wird; während bei alten Rinden es der Bast sein muss, der die Charakteristik fast ausschliesslich bedingt. Bei dem idealen Standpunkt, von dem aus die Spezies in sämmtlichen stetig verlaufenden Entwickelungsstufen als Einheit betrachtet wird, muss also die Summe der nach und nach zur Geltung kommenden Eigenthümlichkeiten zum Ausdruck gelangen; bei dem realen dagegen hat man es mit einer einzelnen Entwickelungsstufe zu thun und mag insofern gewisse Kennzeichen für individuell betrachten, indem sie sich bei dem in gewisser Entwickelungsstufe vorliegenden Individuum vorfinden, bei fortgeschrittenem Wachsthum aber fehlen können. Dies wäre aber immer eine unrichtige Auffassung, denn hier hat man es mit einem zu irgend einer Zeit gesammelten Exemplar und nicht mit einem Einzelwesen zu thun. Es können daher die Charaktere, die sich bei verschiedenen Altersklassen wahrnehmen und feststellen lassen, nicht für individuelle Kennzeichen angesehen werden, sondern es sind temporär spezielle. Andererseits fasst man als individuelle Kennzeichen solche auf, die sich als von verschiedenen localen Ursachen abhängige Abweichungen von dem Gesammttypus der Art entfernen. Hier darf man aber nicht a priori ganze, der lebenden Pflanze zukommende Organismen als individuelle unwesentliche Kennzeichen aufführen, sondern die Feststellung, ob ein Kennzeichen individuell ist oder nicht, hängt nur von vielfältiger Beobachtung der in verschiedenen Verhältnissen zur Entwickelung gelangten Individuen derselben Art ab. Daher kann ich mich nicht mit der von *Phoebus* ein für allemal aufgestellten Dignität der Charaktere in folgender Reihenfolge einverstanden erklären: 1) Vertheilung der Bastzellen, 2) Mase und sonstige Eigenschaften der einzelnen Bastzellen, 3) Saftröhren, 4) Mittelrinde, 5) Korkschichten, 6) Krystall-, Harz- und Stabzellen. — Wenn nun auch bei dem zum praktischen Gebrauch entworfenen Tableau nothwendiger Weise eine dieser Kategorien vorauf gestellt werden muss, so wird es dieselbe Brauchbarkeit haben, wenn man eine andere wählt, sofern sie nur mannigfaltige und beständige Kennzeichen zulässt.

Versuchen wir nun den Werth dieser einzelnen Kategorieen in natürlicher Reihenfolge zu prüfen. Die aus dem Terminalkambium der Achse hervorgehenden Bildungsschichten der Rinde beginnen und beenden früher ihre Entwickelung als die aus dem peripherischen Kambium entstandenen. Aber die Dauer ist nicht bei allen Arten dieselbe, einige erzeugen gleich nach der Epidermis Schwammkork und erst im höheren Alter Borke, andere ersetzen die Epidermis schnell durch ein Periderm und sind geneigt, früher Borke zu bilden, so dass man dieselbe schon bei ziemlich jungen Rinden beobachten kann. Dies sind specielle, nicht individuelle Verhältnisse. Eben so wie die Kiefer früher Borke bildet als die Fichte, diese früher als die Tanne, wie ferner die Mandelweiden eine zum Abwerfen bestimmte Schuppenborke, die Baumweiden eine bleibende rissige Rinde erzeugen, die Korkeiche ihre mächtigen Massen von Schwammkork ausbildet, unsere deutschen Eichen dagegen eine Schuppenborke erhalten, Vitis, Ribes, Lonicera etc. Ringelborke bilden, unsere beiden Buchen ihre Mittelrinde nicht verlieren, während die Platane jährlich Borkeschuppen abwirft und alle diese Verhältnisse speciell, nicht individuell sind, warum sollen sie für die Chinarinden nicht wesentlich sein? C. Calisaya, C. lucumaefolia machen sehr frühe Borke, so dass schon jüngere Rinden dieselbe zeigen, C. lancifolia bildet erst im höchsten Alter an der Basis des Stamms Borke, während sie sonst überall mit Schwammkork versehen ist, Sie sind so wesentliche Bedingungen der Art, dass sie sich von deren Begriff nicht trennen lassen. Auch das Vorkommen des Schwammkork und des Periderm ist beständig. Die Mittelrinde bleibt länger lebensthätig, wenn sich nur Schwammkork bildet, kürzer, wenn Borke entsteht, aber selbst in letzterem Falle kann sie noch längere Zeit zur Bestimmung dienen, da sich die Elementarorgane in ihrer unveränderten Beschaffenheit, dünnwandige Parenchymzellen, Steinzellen, Krystallzellen, Safträhren und aus der Innenrinde Bastzellen noch in allen käuflichen, mit geschichteter Borke versehenen Rinden erkennen lassen. In der Mittelrinde bilden sich Steinzellen in grösserer Anzahl aus oder nicht; diese Beschaffenheit ist keineswegs, wie *Phoebus* erklärt, individuell, vielfache Beobachtungen und nicht nur von meiner Seite bestätigen diese Annahme, so z. B. fehlen der China Calisaya, rubra, flava dura etc. typisch die Steinzellen und es ist nur individuell, wenn hier und da einmal eine derselben gefunden wird, dagegen kommen China flava fibrosa, lucumaefolia und viele andere nie ohne reichliche Steinzellenbildung vor und finde ich in derselben weit beständigere Verhältnisse als in der Anordnung der Bastzellen. Mehr individuell möchte das Vorkommen von Krystallzellen sein, indessen werden immer dort, wo sie überaus reichlich vorhanden sind, dieselben in der Charakteristik nicht umgangen werden können. Was die Safträhren anbelangt, so haben sie, wo sie überhaupt vorkommen, längere oder kürzere Dauer, finden sich daher in älteren Rinden seltner vor als in jüngeren; die sehr engen entziehen sich beim weiteren Auswachsen der Rinde leicht der Beobachtung. Dass sie im Alter zuweilen durch Zellen ausgefüllt und dass sie endlich mit der Borke abgeworfen werden, ist schon oben erwähnt. Ihr Auffinden wird bei älteren Rinden dadurch erschwert, dass sie stellenweise fehlen, man muss daher stets breitere Rindenstreifen untersuchen, ehe man darüber abschliesst. Was den Bast betrifft, so geben die Markstrahlen nur bei jüngeren Rinden und nicht sehr wichtige Kennzeichen ab. Das Füllgewebe der Baststrahlen ist ebenfalls bei jüngeren Rinden kleinzelliger als das der Markstrahlen, abweichende Verhältnisse können zur Charakteristik benutzt werden. Besonders aber sind die Bastzellen für den Bast von Bedeutung. Die Bastzellen derselben Rinde sind entweder ziemlich gleich dick oder auffallend verschieden. Im ersten Falle variiert freilich der Durchmesser derselben nicht ganz unbedeutend, dennoch kann man aus der überwiegenden Mehrzahl einen mittleren Durchmesser feststellen. Diese Verschiedenheit des Durchmessers rührt nicht immer von verschiedener Dicke der Bastzellen her, sondern oft von der Stelle ihres Längenverlaufs, in welcher sie beim Durchschnitt zufällig getroffen sind; denn da sie sich an beiden

Enden und zuweilen sehr allmählich verschmälern, überhaupt aber in verschiedenen Höhen entspringen, so wird es oft vorkommen, dass in derselben Ebene einige mit ihren Enden, benachbarte mit ihrer Mitte oder mit irgend einer anderen Stelle ihrer Längenausdehnung stehen. Im anderen Falle, wo die Bastzellen in derselben Rinde auffallend ungleich sind, pflegt diese Ungleichheit periodisch einzutreten, gewöhnlich sind dann die dickeren bedeutend mehr verkürzt und nähern sich vertikal gestreckten Steinzellen, von denen sie sich jedoch durch die verjüngten Enden unterscheiden. Dass die dünneren Bastzellen nicht mit den Stabzellen verwechselt werden dürfen, ist gleichfalls schon oben erwähnt. *Phoebus* findet den Unterschied beider nicht bedeutend und hält sie für unentwickelte Bastzellen. Wenn ich auch bei einigen Ladenbergien ein Schwanken in der Abgrenzung zugeben muss, so ist mir bei den Cinchonen bei wiederholter nachträglicher Untersuchung kein Fall vorgekommen, wo ein Zweifel hätte obwalten können. *Weddell* hat das Verdienst, zuerst auf die Anordnung der Bastzellen nach bestimmten Typen aufmerksam und diese durch freilich etwas idealisirte Abbildung von treffend gewählten Beispielen anschaulich gemacht zu haben. Die Bastzellen haben nämlich entweder eine vorherrschend radiale oder tangentiale Anordnung. Bei ersterer sind die Reihen selbst wieder sehr unterbrochen, so dass gewöhnlich die einzelnen Bastzellen einer Reihe durch Bastparenchymzellen unter sich getrennt sind, selten und dann höchstens 2—3 Bastzellen unmittelbar auf einander folgen, auch die einzelnen Reihen seitlich durch breitere Zellenstreifen gesondert erscheinen, dies stellt den Typus der C. Calisaya vor, oder aber die Reihen verlaufen fast ununterbrochen, so dass oft 4—6 oder noch mehre unmittelbar auf einander folgen, ehe eine Unterbrechung durch Bastparenchymzellen eintritt, auch erscheinen die Reihen seitlich näher an einander gerückt: Typus der C. scrobiculata. Bei der mehr tangentialen Anordnung der Bastzellen fliessen diese gewöhnlich zu Gruppen oder Bündeln zusammen, die jedoch nie regelmässig radial und tangential geordnete Felder von Bastbündeln darstellen: Typus der C. pubescens. Aus den beifolgenden, nach den am meisten charakteristischen Rindenexemplaren ausgeführten Tafeln, bei denen die natürliche Anordnung der Bastzellen mit der peinlichsten Treue gleich wie durch ein Spiegelbild wiedergegeben ist, eben so aus den der *Howard*'schen Quinologie beigegebenen anatomischen Tafeln wird man sich überzeugen, dass in dies Schema zumal für die beiden ersten schon an und für sich schwer aus einander zu haltenden Typen sehr wenig andere als die namengebenden Arten passen und dass eine unendliche Reihe Mittelstufen vorkommt, die diese Anordnung vollkommen illusorisch macht. Dies war meine Ansicht, als ich *Weddell*'s Abbildungen zuerst sah, und das ist sie heute noch nach 15 Jahren. Dazu kommt, dass diese ganze Typenhypothese nur bei Stammrinden einigermasen durchzuführen ist, während die überwiegend im Handel und zur Untersuchung vorkommenden Röhren oder Halbröhren jüngerer Rinden zu dieser Ausbildung noch nicht gelangt sind. Bei der Untersuchung jüngerer Rinden überzeugt man sich, dass von der ersten Anlage der Bastzellen kein sicherer Rückschluss auf die spätere Anordnung gemacht werden kann. Oder um spezieller zu reden, diejenigen Rinden, welche später den Typus z. B. der C. pubescens erhalten, können zuerst sehr vereinzelte Bastzellen zeigen, wie es die Abbildung von C. macrocalyx, C. Pelletiereana darstellt, aber es kommt auch vor, dass andere zu dem Typus neigende Arten von Anfang an gehäufte Bastzellen besitzen, wie z. B. C. Chahuarguera. Wer folgert aus junger C. Uritusinga oder C. lutea mit ihren spärlichen vereinzelten, gepaarten oder gedreiten Bastzellen, dass sie später tangentiale Reihen, wenn auch nicht eigentliche Bündel bilden werden? Wer kann andererseits aus den zuerst gruppenweise geordneten Bastzellen der C. nitida vermuthen, dass sie später den Typus der C. Calisaya zeigen wird? Daher finde ich keinen Grund, den Bastzellen einen höheren Werth einzuräumen als den übrigen zur Unterscheidung dienenden Elementarorganen, und nur im Verein mit diesen können sie die Charakteristik der Rinde bedingen. Wie ich für die Diagnose den Vorwurf, welchen *Phoebus* allen Förderern der Chinakenntniss und bescheidener Weise auch sich selbst macht, Individuen für Spezies beschrieben zu haben, zurückweise, da ich mir bewusst bin, mich nicht auf eine Sammlung allein beschränkt zu haben, so beanspruche ich ihn als Lobspruch für die Abbildungen, die eben weiter nichts sein sollen als das Spiegelbild eines einzelnen Individualismus. Mit Recht eifert *Schleiden* gegen schematische Bilder, indem sie einer vorgefassten Ansicht entsprungen, nur das vorstellen, was diese gesehen wissen will, eine freie Beurtheilung aber des Gegenstandes, um die Ansicht zu prüfen, völlig ausschliessen. Es haben diese schematischen Bilder auch in meinen Augen nicht den geringsten Werth. Was die der Arbeit beigegebenen anatomischen Abbildungen anbelangt, so sind sie durch eine von Theorieen unangefochtene künstlerische Kraft, durch *Schmidt*, mit der grössten Treue, die sich für so geringe Vergrösserungen erreichen liess, ausgeführt. Ich selbst habe vor 6 Jahren anatomische Präparate sämmtlicher Rinden von *Pavon* und einige andere mit dem Zeichenprisma gezeichnet und diese Abbildungen, die freilich in bedeutend grösserem Masstabe ausgeführt sind, mit denen von *Schmidt* und den ihm zur Abbildung überlieferten Präparaten verglichen, um so genaue Bilder zu erhalten.

§. 12. Die Chinarinden von *Delondre & Bouchardat*, von denen unsere Sammlung nicht eine Probe besitzt, gewähren durch die Bestimmung ihres Alkoloidgehaltes ein äusserst schätzbares, zugleich auch reiches Material. Es war daher ein sehr glücklicher Gedanke von *Phoebus*, durch Anfertigung anatomischer Präparate dieselben gemeinnützlich zu machen und zugleich alle Unsicherheit zu verbannen, welche die colorierten Abbildungen der Rinden in der Arbeit von *Delondre & Bouchardat* eben ihrer Natur nach hervorrufen mussten und zum Tummelplatz der verschiedensten Deutungen machten. Mit grösster Uneigennützigkeit, wie sie freilich mit dem Namen *Phoebus* verschwistert ist, hat er diese Präparate mehren Freunden der Chinologie mitgetheilt, zugleich mit seiner schon oben als einer mit grosser Sach- und Literaturkenntniss, Beobachtungsgabe und Unpartheilichkeit abgefassten Arbeit gerühmten Abhandlung über die *Delondre-Bouchardat*'schen Chinarinden. Wenn ich trotz des wiederholten Studiums dieser Präparate dennoch für einige derselben meine Ansicht nicht aussprechen kann, so liegt die Schuld an zwei Ursachen, von denen die eine leicht, die andere schwerlich wegzuräumen ist. Die erste nämlich fällt der Aufbewahrungsmethode zur Last. Denn bei dieser werden die Bastzellen näher an einander gerückt als es im natürlichen Zustande der Fall ist, indem die Parenchymzellen des Füllgewebes und der Markstrahlen nicht aufgeschlossen, sondern zusammengefallen sind. Fände nun bei sämmtlichen Präparaten eine Gleichförmigkeit im Eintrocknen des Zellgewebes Statt, so wäre der Fehler nicht erheblich, indem sich immer ein bestimmtes relatives Verhältniss herausstellen müsste, welches man bei genauerem Vergleich sehr bald kennen lernen würde. Aber dem ist nicht so, denn nicht selten trocknen schmalere Parenchymlagen nicht mehr zusammen als breitere und überhaupt das Füllgewebe anders als die Markstrahlen. Die zweite Quelle ist das den Präparaten zu Grunde liegende Material. Es ist natürlich ein bedeutender Unterschied, ob man aus irgend einer Rindenart instructive und zur Behandlung geeignete Exemplare aussuchen kann oder ob man wie *Phoebus*, der sein Material nehmen musste, wie er es vorfand, vielleicht schon ziemlich unbrauchbare Rindenexemplare der Untersuchung zu unterwerfen hat. Zuweilen ist nämlich bei den Präparaten der Bast mit seinen Bastzellen so unvollständig vorhanden, dass sich an dem einzelnen Exemplar die von *Phoebus* nach der ganzen Reihe seiner Präparate entworfenen Charaktere weder erkennen liessen, noch eine Prüfung seiner Angaben gestatteten. Wenn nun für mich weniger Werth darauf zu legen wäre, da ich nach dem, was ich als gut erhalten habe vergleichen können, den Beobachtungen von *Phoebus* unbedingtes Vertrauen schenke, so ist aber meine Erwartung, sämmtliche Rinden von *Delondre & Bouchardat* auf die in Deutschland bekannten Handelssorten, resp. auf die der Abstammung nach bekannten Rinden von *Pavon* durch eigene Anschauung zurückzuführen, theilweise vereitelt; dennoch gewährt das Studium dieser Präparate manchen interessanten Aufschluss, der bei der Beschreibung der einzelnen Rinden hervorgehoben werden wird. So habe ich erst durch diese Sammlung die Rinde der C. scrobiculata sicher kennen lernen, da ich von *Weddell*'s Abbildung ausgehend bisher keine Rinde meiner Sammlung dafür ansprechen mochte und sie deshalb auch nicht in meinem Atlanten abbildete. Nun habe ich mich freilich überzeugt, dass dieselbe mir keineswegs fremd war, dass man aber von *Weddell*'s Abbildung absehen muss. Eben so habe ich daraus ersehen, dass *Delondre*'s Maracaibo-China mit der von *Karsten* beschriebenen nur den Namen gemeinschaftlich hat.

§ 13. Nachdem so im Allgemeinen die wichtigsten anatomischen und systematischen Beziehungen berührt sind, welche bei der Untersuchung und Bestimmung der Chinarinden in Betracht kommen, so gelangen wir nun zur speziellen Aufzählung und Beschreibung derselben, indem wir sie nach ihrer Verwandtschaft im anatomischen Bau ordnen, unbekümmert, ob die Stammpflanzen dieselbe auch im äusseren Bau bewahren.

I. Echte Chinarinden,
von der Gattung Cinchona abstammend.

Steinzellen und Saftröhren vorhanden oder fehlend; Bastzellen auf dem Querschnitt vorwaltend radial gestreckt, fast ohne Lumen, blassgelblich bis orangeroth, in mehr oder weniger auffallend tangential geordneten Gruppen oder Bündeln oder vereinzelt in mehr oder weniger unterbrochenen radial geordneten Reihen.

A. Bastzellen in mehr oder weniger unterbrochenen radialen Einzel-, oder Doppelreihen.

I. Saftröhren fehlend, Steinzellen reichlich vorhanden.

1. Cort. Cinch. lancifoliae *Mut.*, Cortex Chinae flavus fibrosus. Die Rinde des in Neu-Granada einheimischen, bis 70′ hohen Baumes kommt in flachen, rinnenförmigen, seltner gerollten Stücken von verschiedener Dicke vor; auf der Aussenfläche ist sie mit einem dünnen, fast silberweissen oder blass ochergelben, etwas schimmernden, sehr weichen, leicht abblätternden Kork bedeckt und bildet erst sehr spät Borke; der Bast ist ocher-, orangegelb oder rothzimmtfarben, leicht zerfasernd, im Bruch lang- und dünnsplittrig.

Abbildung Tafel II. No. 3. u. 4. Tafel III. No. 5.

Die junge Rinde ist von einem grauen, rissigen Periderm bedeckt und erscheint dann der grauen China ähnlich, später bildet sich der weiche, silberfarbene Kork. Im Allgemeinen findet sich bei den Handelsrinden ein farbloser Kork, unter diesem eine mit zahlreichen, dickwandigen Saft- oder Steinzellen durchsetzte, aus c. 20 Zellenreihen bestehende Mittelrinde ohne Saftröhren, ein mit schmalen Baststrahlen versehener Bast, dessen Bastzellen ($^6/_5$, $^7/_8$) Einzel- oder Doppelreihen bilden, welche nicht selten sich als Gruppen isoliren und reichlich untermischt sind mit dünnen Stabzellen. Die dickwandigen Stein- oder Saftzellen sind oft sehr bedeutend tangential gestreckt, bilden häufig eine zusammenhängende Schicht und finden sich auch in dem äusseren Theil der Markstrahlen; die kleinen Markstrahlen sind sehr entwickelt und ihre Zellen grösser als die des Bastparenchyms in den Baststrahlen. Nach *Phoebus* Präparaten, die leider nicht recht ausreichend sind, gehören von *Dl. & B.* Rinden zu dieser Art: Quinq. Carthagène rosé, Quinq. jaune orangé de *Mutis*. Quinq. jaune orangé roulé. Quinq. Carthagène ligneux, bei welcher letzten die Bastzellen Gruppen bilden. — Die Art scheint in Bezug auf atmosphärische Bedingungen sehr veränderlich, wenn nicht etwa mehre, bisher noch nicht richtig erkannte, selbständige Arten darunter versteckt sind; daher finden sich auch mancherlei Abweichungen im Bau. Zu diesen sind verschiedene Rinden zu zählen. Zunächst eine von den verschiedenen in der äusseren Beschaffenheit sich so sehr gleichenden Rinden, die als *Wittstein's*-Bark in den Sammlungen vorkommen und sich durch zahlreiche Steinzellen und sehr dünne (^{2}/$_4$) Bastzellen auszeichnet, dadurch also der C. scrobiculata nahe kommt. Eine andere aus Chiquinquera[1]) stammende, gewiss selbständige Art stimmt nach den Präparaten von *Phoebus* am besten mit der Quinq. rouge orangé *Dl. & B.* überein, sie hat reichlich Steinzellen und dicke (^{12}/$_2$ - ^{10}/$_6$) in dichten, sehr genäherten Reihen stehende Bastzellen. Sehr ähnlich dieser oder vielmehr wohl dieselbe sind die von *Howard* als ‗heavy bark from New Granada 1854, C. lancifolia „bestimmte fast ^{3}/$_4$" dicke Rinde, so wie Quinq. Calisaya de St. Fé de Bogota und Quinq. Maracaïbo *Dl. & B.* Letztere ist völlig verschieden von der Rinde, die *Karsten* Ch. Maracaïbo nennt und von seiner C. Tucujensis ableitet, die besser zu C. Pitayensis gehört. Die Rinde der Varietät discolor *Karsten* scheint mir bei der Erweiterung der Diagnose nach wiederholter Untersuchung von der der Hauptart nicht wesentlich verschieden zu sein, wenn nicht etwa Rinden verschiedener Arten unter diesem Namen vorliegen. Quinq. Pitayo *Dl. & B.* hat mit dieser Art nichts zu thun.

2. Saftröhren und Steinzellen fehlend.

2. Cortex Chinae ruber suberosus[2]), Red Bark of commerce *How.* Quin. Fig. 13, Quinq. rouge pâle *Dl. & B.* nach den Präparaten von *Phoebus*, vielleicht von Cinch. coccinea *Pav.!* — Röhren, rinnenförmige oder flache, bis 6''' dicke Rindenstücke, mit einem weichen, schwammigen, dunkel rothbraunen, mit weichen Korkwarzen oder Korkhöckern bedeckten Kork und einem dicken, bräunlichrothen, fasrigen, im Bruch dünn- und langsplittrigen Bast.

Abbild. Taf. IV. No. 10.

Kork dick. Mittelrinde bleibend, aus c. 35 Reihen dünnwandiger Zellen, ohne Steinzellen. Saftröhren fehlend. Grosse Markstrahlen des Bastes nach vorn keilförmig erweitert, ebenso die kleinen, welche jedoch im weiteren Längenverlauf nicht selten wieder abnehmen oder verschwinden; Zellen derselben tangential gestreckt, grösser als die des Bastparenchyms der schmalen Baststrahlen. Bastzellen (^{10}/$_7$ - ^{8}/$_6$) meist braunroth, in unterbrochenen radialen Reihen.

An einem von Howard mitgetheilten, ½ Fuss im Durchmesser haltenden Stammstück unserer Sammlung, misst die Rinde kaum 1 Linie, so dass ein Stamm mit 6''' dicker Rinde, wie sie doch häufig im Handel vorkommt, wenigstens 3 Fuss Durchmesser haben müsste. Diese Rinde unterscheidet sich von der China rubra dura, abgesehen von der weicheren Textur, dadurch, dass sie erst im höchsten Alter Borke, sonst nur Kork bildet, dass die Saftröhren schon jungen Rinden fehlen und dass die Zellen des Bastparenchyms kleiner sind als die der Markstrahlen.

3. Cort. Cinchonae cordifoliae *Mut.*, China flava dura laevis[3]). Die Rinde dieses in Neu Granada einheimischen, bis 30' hohen Baumes findet sich in Röhren, rinnenförmigen oder flachen, etwas gedrehten Rindenstücken, ist bis 3½''' dick, aussen ziemlich eben, längsrunzlig oder längsfurchig, mit weichem, gelblichweissem, etwas glänzendem, stellenweise abgeriebenem Kork bedeckt,

---

[1]) Die aus Chiquinquera kommenden Rinden sind nicht etwa immer dieselben, es kommt daher auch die Rinde von Cinch. Pitayensis.

[2]) Zu vergleichen der Artikel über Cort. Chinae ruber durus (pag. 24, Nr. 16).

[3]) Wenn *Karsten* China flava dura von Cinch. laurifolia ableitet, dagegen *Bergen* und ich aus anatomischen Gründen von C. cordifolia, so ist Jeder in seinem Rechte, *Karsten*, indem er die im Vaterlande bei uns nicht gekannte Beziehung auf eine Varietät der Cinch. lancifolia gebraucht, während ich von der in Deutschland China flava dura genannten, von Cinchona cordifolia abstammenden Rinde spreche.

innen ochergelb, im Bruch kurzsplittrig. Querschnitt: Mittelrinde gelbbraun, in der Peripherie dunkler; Bast mit Reihen vereinzelter kleiner Bastzellen.

Abbild. Taf. III. Nr. 7.

Der Kork ist farblos oder schichtenweise gelbbraun. Die Mittelrinde besteht aus c. 35 Reihen dünnwandiger Zellen und enthält zuweilen einige Steinzellen, Saftröhren sind nicht vorhanden. Der Bast hat mehr oder weniger breit-keilförmig nach aussen erweiterte Markstrahlen, deren Zellen meist breit tangential gestreckt sind. Die Baststrahlen sind schmal, mit kleinzelligem Bastparenchym versehen; die Bastzellen ($\frac{2}{3}$ & $\frac{5}{6}$) sind ungleich dick, stehen in unterbrochenen radialen Reihen, nicht selten in einer Region reichlicher als in den benachbarten, zuweilen sehr spärlich (Cinch. Tucujensis, Maracaïborinde *Karsten*) wie bei einer Rinde aus Guayaquil und einer von *Restrepo* gesendeten, oder sie stehen zu 3—9 ohne Zwischenzellen vor einander, auch wohl seitlich genähert, wie bei Quinq. rouge de Mutis *Dl. & B.*, und dadurch sehr vereinzelte kleine Gruppen zwischen den übrigen vereinzelten Bastzellen darstellend, selten wie bei einem Exemplar der C. cordifolia var. rotundifolia von *Howard* in grösseren Gruppen und auch dicker, zugleich reichlich mit Steinzellen versehen, vielleicht einer selbständigen Art zukommend. Die dicken Bastzellen haben zuweilen ein offenes Lumen. Dünne Stabzellen sind ausserdem in den Baststrahlen vorhanden. Nach den Präparaten von *Phoebus* kann Quinq. jaune de Mutis *Dl. & B.* zu dieser Art gehören, ebenso auch Quinq. Pitayo *Dl. & B.*

4. Cort. Cinchonae Pitayensis *Wedd.* Von dieser Cinchone leitet *Howard* die China Pitaya, Pitaya naranjada *How.* ab, ob nach Originalexemplaren von *Weddell*, nach eigenen Untersuchungen oder blosser Vermuthung, ist mir unbekannt. Bis 4''' dicke, rinnenförmige Platten oder Bruchstücke, mit einer schwammigen, ocherfarbenen, heller und dunkler braun geschichteten, quadratisch gefelderten, endlich in Borkeschuppen abblätternden Borke bedeckt und mit einem zinnntfarbenen, harten, dichten, unterseits fein gestreiften, im Bruch kurz- und dünnsplittrigen Bast versehen.

Die jüngere Rinde ist mit einem farblosen Kork bedeckt, unter dem sich vor der später eintretenden Borkebildung eine aus c. 20 Reihen bestehende braunrothe Korkschicht bildet. Die Mittelrinde besteht aus c. 30 Reihen dünnwandiger Zellen, ohne Steinzellen; Saftröhren fehlen. Der Bast ist mit keilförmig erweiterten Markstrahlen versehen; die Zellen des Bastparenchyms sind nicht auffallend kleiner als die der kleinen Markstrahlen; die Bastzellen ($\frac{1}{2}$) sind gleichmässig, dünn und stehen in unterbrochenen radialen Reihen. Eine von Chiquinquera ausgeführte Varietät enthält in der Mittelrinde wenige Steinzellen.

5. Cort. Cinchonae Pelalbae *Pav.*, Cascarilla con hojas de Zamba *Pav.*, nec *How.* In der Sammlung befinden sich nur junge Rinden von huamaliesartigem Ansehn des in Loxa einheimischen, bis 30' hohen Baums. Sie sind mit einem sehr dünnen, dunkelbraunen, zartrissigen Kork bedeckt, der sich leicht ablöst und die ebene, dunkelzimmtbraune Mittelrinde zum Vorschein kommen lässt; im Bruch ist der Bast kurzsplittrig.

Der Kork erscheint schichtenweise farblos oder braunroth. Die Mittelrinde besteht aus c. 35 Reihen dünnwandiger Zellen, ohne Steinzellen; Saftröhren sind nicht vorhanden. Die Markstrahlen des Bastes sind nach vorn kaum erweitert; die Zellen des Bastparenchyms sind nicht auffallend kleiner als die der Markstrahlen; die Bastzellen ($\frac{2}{3}$), unter sich gleich, blassgelb, stehen in sehr unterbrochenen Reihen, zuweilen zu 2—3 vereinigt; Stabzellen fehlen. *Phoebus* bezieht auf diese Art Quinq. gris roulé (Equateur), welche nach meiner Ansicht zu C. Chahuarguera gehört.

6. **Cort. Cinchonae hirsutae** *Rz. & P.*, Cascarilla fina delgada de Loxa *Pav.* In unserer Sammlung findet sich die Rinde des überhaupt nur 10' hohen, dünnen Baums in dünnen Röhren. Diese sind aussen mit einem fein längs- und querrissigen, schwärzlichen Periderm versehen und, wo dieses abgerieben ist, rein braun, innen dunkel zimmtbraun, auf der Bruchfläche wenig fasrig. Querschnitt: Ein dunkler Harzring unter dem Periderm, der durch Zusammentrocknen der Mittelrinde gebildet ist; der Bast mit nur wenigen Bastzellen.

Das Periderm ist farblos oder schichtenweise braunroth. Die Mittelrinde besteht aus c. 20 Reihen dünnwandiger Zellen, ohne Steinzellen, in derselben finden sich, wie bei C. Uritusinga, C. heterophylla, den Baststrahlen entsprechende Zellenstreifen, deren Zellen minder tangential gestreckt sind als die den Markstrahlen entsprechenden Lagen; Safröhren fehlen. Der Bast ist überwiegend Parenchym, welches theils den Markstrahlen theils dem Füllgewebe der Baststrahlen angehört; Bastzellen ($^2/_3$ & $^2/_1$) ungleich, nach aussen sehr vereinzelt und dünner, nach innen dicker, zu 2—3 vereinigt. Der typische Charakter des Bastes ist bei der Jugend der vorliegenden Rinde noch nicht ausgedrückt.

7. **Cort. Cinchonae lanceolatae** *Rz. & P.*, nec *How.*, Cascarilla boba amarilla *Pav.* In der Sammlung finden sich von der baumartigen, in Peru einheimischen Stammart nur junge Rinden, die mit einem stellenweise weisslichen, sonst braunen, warzigen Kork versehen sind. In reichlicher Auswahl ist dagegen eine Rinde vorhanden, die *Pav.* als Varietät jener bezeichnet und die auch denselben anatomischen Bau hat. Sie wird von *Pavon* als Quina de Calysaya bezeichnet, der sie bei oberflächlicher Betrachtung ähnlich erscheint, und ist so die Ursache gewesen, die Bolivianische Rinde von ihrer Stammpflanze irrthümlich abzuleiten. Sie findet sich in bedeckten und unbedeckten Röhren und in unbedeckten Platten vor. Die Röhren sind mit einem spröden, schwarzbraunen, stellenweise aussen weisslichen Periderm bedeckt, welches in grosse, quadratische Felder getheilt ist, und sich später vollständig von der matt rothbraunen Mittelrinde trennt, die noch die Eindrücke der Querrisse und Längsfurchen zeigt; der Bast ist zimmtbraun, im Bruch fasrig. Querschnitt: Periderm dick, fast schwarz; Mittelrinde zimmtbraun; Bast mit radialen Reihen sehr dünner Bastzellen. — Die von *Howard* auf Cinch. lanceolata bezogene Rinde unserer Sammlung gehört zu Cinch. stupea *Pav.*

Die Peridermzellen enthalten einen schwarzbraunen Inhalt. Die Mittelrinde besteht aus c. 35 Reihen dünnwandiger Zellen, ohne Steinzellen; Safröhren sind nicht vorhanden. Die Markstrahlen des Bastes sind nach aussen keilförmig erweitert, doch sind die Zellen des Bastparenchyms nicht auffallend kleiner als die der Markstrahlen; die Bastzellen ($^2/_1$) sind ungleich, blassgelb, zuerst sparsam, vereinzelt oder zu 2—3 vereinigt, später bilden sie unterbrochene Reihen; mit ihnen finden sich im Bastparenchym Stabzellen.

8. **Cort. Cinchonae nitidae** *Rz. & P.*, nec *How.*, Cascarilla fina Peruana *Pav.* Auffallender Weise finden sich nur jüngere Astrinden dieses bis 80' hohen, in der Provinz Huamalies einheimischen Baumes, nicht Stammrinden in unserer Sammlung. Sie kommt in Röhren von 2—12''' Durchmesser und $^1/_2$—1''' Dicke vor, ist aussen vorwaltend schwarz oder dunkelbraun, seltner stellenweise weisslich überflogen, mit regelmässigen, ziemlich tiefen, sehr genäherten, an den Rändern aufgeworfenen Querrissen und zahlreichen anastomosierenden Längsrunzeln versehen, so dass die Oberfläche schuppig-runzlig erscheint; innen ist sie dunkelbraun, ohne Harzring. — Sie kommt als China Pseudo-Loxa in den deutschen Handel.

Howard leitet seine Quina cana legitima von C. nitida ab, aus deren abweichendem anatomischen Bau eben hervorgeht, dass er eine andere Cinchone als *Ruiz* und *Pavon* meint; *Phoebus* bringt hierher Quinq. Huanoco plat sans épid. *Dl. & B.*; leider ist aus seinem sehr zertrümmerten Praeparat die typische Anordnung der Bastzellen nicht zu bestimmen, dagegen sind deutlich Borke und in der Mittelrinde reichliche Steinzellen vorhanden.

Abbild. Taf. V. Nr. 14.

Das Periderm hat durch den Zelleninhalt eine rothbraune Farbe. Die Mittelrinde besteht aus c. 25 Reihen dünnwandiger Zellen, ohne Steinzellen oder ist nur ausnahmsweise mit sehr vereinzelten versehen; Saftröhren sind nicht vorhanden. Der Bast ist von keilförmig nach aussen verbreiterten Markstrahlen durchschnitten, dessen Zellen grösser sind als die des Bastparenchyms, welches die Baststrahlen ausfüllt; die Bastzellen ($^3/_2$ & $^{10}/_{10}$) sind ungleich, gelb bis braunroth, zuerst in Gruppen geordnet, nach innen in unregelmässigen, unterbrochenen Reihen stehend, zumal gegen das Kambium periodisch dicker und dünner und dadurch tangentiale Zonen darstellend. Der typische, nur in der Stammrinde ausgeprägte Bau ist noch unbekannt.

9. Cort. Cinchonae Reichelianae *How.* Diese Rinde stammt von Cinch. glandulifera var. alpestris *Poeppig*, die von *How.* als Synonym zu C. micrantha gezogen wird. Zu dieser gehören als Synonyme C. pubescens *How.*, Cascar. amarilla de Loxa, Casc. negrilla ordinaria. Lima-Loxa des Handels *Poeppig*. Sie stimmt jedoch im Bau nicht mit der von *Howard* Fig. 4 gegebenen anatomischen Abbildung überein, da bei gleichen Altersstufen unserer Rinde die dort dargestellten Saftröhren fehlen und die ziemlich dicken ($^{10}/_2$) Bastzellen in Einzel- und Doppelreihen stehen.

3. Saftröhren vorhanden, Steinzellen fehlend.

10. Cort. Cinchonae australis *Wedd.*, Cochabamba Bark *How.* Die Rinde dieses im südl. Bolivien einheimischen hohen Baums liegt in flachen oder wenig rinnenförmigen, bis 3‴ dicken Rindenstücken vor, von blasser Zimmtfarbe, mit flachen Borkegruben, stellenweise mit dicken, schwammigen Borkeschuppen bedeckt, im Bruch fasrig.

Der Kork ist durch den Zelleninhalt braunroth. Die Mittelrinde ist ziemlich dick, aus dünnwandigen Parenchymzellen bestehend, ohne Steinzellen; die Saftröhren sind eng. Die Bastzellen im Bast sind denen der C. scrobiculata ähnlich, dünn ($^2/_5$—$^5/_6$), blassgelb, vorn zerstreut, nach innen gedrängte Reihen bildend.

11. Cort. Cinchonae Condamineae *Hb. & Bpl.* Rinde des auf den Anden von Quito und Peru einheimischen 12—18′ hohen Baumes von vorjährigen, 4—6‴ dicken Zweigen sehr dünn, graubraun, längsfurchig, an den Knoten mit ringförmigen Querrissen; an $1^1/_2$″ dicken Aesten $^3/_4$‴ dick, aussen grau, stellenweise milchweiss, dicht- und zart-, längs- und querrissig, mit aufgeworfenen Rändern, innen dunkel zimmtfarben; bei 3‴ dicken Rindenstücken huamaliesartig, aussen uneben, weissbraun, stellenweise schwarzbraun, hier und da mit korkigen, innen braunrothen Borkeschuppen oder tiefen, langen Borkegruben, innen zimmtbraun, im Bruch fasrig; flache Bastplatten endlich calisayaartig.

Die dünneren Röhren kommen als China Pseudo-Loxa, die stärkeren als China Huamalies, die Bastplatten als falsche Calisayachina in den Handel. — Es gehören zu dieser Art: Cinch. Apolobamba *Pav.*, ferner die Marcapata-Bark von *Howard*, ebenso dessen „Cinch. ovata 1850, C. micrantha" theilweise und nach den Präparaten von *Phoebus*, die freilich hier nicht recht entscheidend sind, Quinq. gris roulé Equateur und Quinq. Carabaya plat s. ep. *Dl. & B.*, dagegen nicht Quinq. Loxa fin *Dl. & B.*, nicht *Howard's* Quina fina de Loxa, die die Rinde von Cinch. glandulifera *Pav.* ist.

Abbild. Taf. V. Nr. 11.

Die junge Rinde ist noch mit einer Epidermis bedeckt, später bildet sich ein schwarzbraunes Periderm, endlich Borke. Die dünne Mittelrinde besteht aus c. 16 Reihen dünnwandiger Zellen, ohne Steinzellen. Die Saftröhren sind enger als die benachbarten Zellen und schon beim 8jährigen Ast verschwunden. Die Zellen des Bastparenchyms sind kleiner als die der Markstrahlen; die Bastzellen ($^{10}/_{4-8}$) sind blassgelb und stehen in unterbrochenen Reihen.

12. Cort. Cinchonae Uritusingae *Pav.* In der hiesigen Sammlung finden sich von dem in der Provinz Loxa vorkommenden, c. 40′ hohen oder höheren Baum sowohl Röhren, als auch ziemlich flache, mit Borke bedeckte und endlich flache, borkelose Rindenstücke; ausserdem eine Rinde von *Tafalla* und einige von *Howard* bestimmte, mit einem sehr dicken Kork bedeckte Rindenstücke, die jedoch nicht zu dieser Art gehören, sondern zu Cinch. scrobiculata. Die Abstammung der Rinde von *Tafalla* ist unbekannt.

Die Röhren sind denen der Cinch. conglomerata und C. suberosa sehr ähnlich, aussen mit einem spröden, stellenweise schwärzlichen oder aschgrauen, ziemlich tief und derb querrissigen, längsrunzligen Periderm versehen, innen zimmtfarben, im Bruch grobsplittrig. Querschnitt: Periderm schwarzbraun; Mittelrinde hell zimmtfarben, gleichförmig; Saftröhren unter der Lupe nicht mehr zu erkennen; Bast von gleicher Grundfarbe, mit radialen Reihen deutlicher, dunkler Bastzellen.

Die älteren Rindenstücke haben eine gross quadratisch-gefelderte, geschichtete Borke und einen zimmtfarbenen, ziemlich langsplittrigen Bast. Die Baststücke endlich sind bis 4′′′ dick, die dünneren zeigen noch die Eindrücke von den Rissen der Borke, die dickeren sind mit flachen Borkegruben oder stellenweise noch mit Borkeschuppen versehen. Die jüngeren Rinden kommen als China Loxa, ältere von Carabaya als Calisaya morada, Calisaya empedermida *How.* in den Handel. — Fig. 2 in *Howard*'s Quinologie „Cascar. fina de Uritusinga" stellt den Durchschnitt einer noch sehr dünnen Rinde vor.

Abbild. Taf. IV. Nr. 8.

Die Peridermzellen sind mit schwarzbraunem, harzigem Inhalt versehen. Die Mittelrinde besteht aus c. 25 Reihen dünnwandiger Zellen, ohne Steinzellen und enthält entsprechend den Baststrahlen des Bastes in dieser Richtung kleinere Zellen; die Saftröhren sind sehr eng. Die Markstrahlen des Bastes sind nach vorn keilförmig erweitert und ihre Zellen weit grösser als die des Bastparenchyms; die Bastzellen ($^6/_5 - ^{12}/_4$) sind blassgelb, stehen nach vorn mehr vereinzelt, dann oft in abgebrochenen Reihen, seltner gruppenförmig, nach innen in unterbrochenen radialen Reihen, aber deutlich zugleich tangential geordnet. Die stärkeren Rinden haben eine geschichtete Borke, in deren Rindelagen sich noch dickwandige Saftzellen und Saftröhren erkennen lassen. — Die Rinde von *Tafalla* unterscheidet sich durch reichliche Steinzellen in der Mittelrinde, Krystallzellen in dem Bastparenchym, spärlichere Bastzellen ($^{12}/_6$).

13. Cort. Cinchonae glanduliferae *Rz. & Pav.*, nec *Poeppig*, nec *How.*, Cascarilla negrilla, Cinch. undulata, olim glandulifera *Pav.* Die Rinden dieses etwa 12′ hohen Strauches finden sich nur in dünnen Röhren, sind aussen aschgrau, stellenweise schwärzlich, zart-querrissig, innen blass zimmtfarben, im Bruch kurz- und grobsplittrig. Querschnitt: Ein dunkler Harzring unter dem weissen Periderm vorhanden, an der inneren Grenze des Bastes ein Kreis von Saftröhren; der Bast sehr dünn, mit wenigen Bastzellen.

Die Rinde kommt als feine Loxarinde seltner in den Handel. Einige von *Howard* als zu Cinch. Chahuarguera, nitida, Condaminea gehörig bestimmte Rinden gehören hierher, so Quina fina de Loxa, Silver crown bark *How.*, Cascarilla Provinciana *How.* und nach den Praeparaten von *Phoebus* Quinq. Loxa. Gris fin Condaminea *Dl. & B.*

Abbild. *Karsten* Med. Chinarinden Taf. II Nr. 11.

Das Periderm ist dick, aussen farblos, innen durch den Inhalt der Zellen dunkelbraun. Die dünne Mittelrinde besteht aus c. 25 Reihen dünnwandiger Zellen, ohne Steinzellen, oder enthält nur wenige vereinzelte; die Saftröhren stehen einzeln oder zu 2—3 neben oder schräg vor einander. Die Markstrahlen des Bastes sind weitzellig, nach vorn erweitert; die Baststrahlen schmal, mit kleinzelligem Füllgewebe, die äussersten Bastzellen sind sehr dünn, die folgenden dick ($^{10}/_7$), goldgelb, einzeln, in Reihen, auch in ärmlichen Gruppen.

14. Cort. Cinchonae Calisayae *Wedd.* Ast- und Stammrinden theils von der in Bolivien einheimischen baumartigen Stammart, theils von der strauchartigen Varietät.

1. **Bedeckte Calisayarinde.** Astrinden ½—3''' dick, in Röhren von ½—1½'' Durchmesser, aussen dunkel kastanienbraun, stellenweise milchweiss, mit derben Längsleisten und tiefen Längs- und Querrissen, welche 4seitige Felder abgrenzen, innen zimmtfarben; Bruchfläche kurz- und glassplittrig. Querschnitt: Periderm hart, spröde, schwarzbraun, bei dickeren Röhren schon durch heller und dunkler braun geschichtete Borke ersetzt; Mittelrinde fast von der Dicke des Bastes, von diesem durch einen Kreis von Saftröhren getrennt; Bast undeutlich radial gestreift.

Abbild. Taf. I. Nr. 1. Fig. A.

Das Periderm besteht aus tafelförmigen, auf dem Querschnitt tangential gestreckten, mit rothbraunem, gleichförmigem Inhalt versehenen Korkzellen. Die Mittelrinde ist ein Parenchym aus tangential gestreckten, dünnwandigen Zellen, welche Stärke und einen braunrothen, beim Eintrocknen die Zellenwände bedeckenden und so färbenden Saft enthalten; sehr selten kommen spärlich und vereinzelt Steinzellen vor. Die Saftröhren stehen genähert, häufig in 2 Reihen, sind auf dem Querschnitt oval, von verschiedener Grösse, zuweilen durch innere Zellenbildung ausgefüllt. Die Markstrahlen des Bastes treten mit 1—3 Zellenreihen aus dem Holz in die Rinde und verbreitern sich häufig nach aussen keilförmig. Die Baststrahlen zwischen denselben sind in der Regel schmaler als die Markstrahlen und mit kleinzelligem Bastparenchym versehen, in welchem die Bastzellen unterbrochene Reihen bilden; die Bastzellen sind noch um die Hälfte dünner als in der Stammrinde, nehmen aber schon gegen das Kambium an Dicke zu. Die Bastparenchymzellen enthalten Stärke, die braunrothe Substanz und nicht selten Krystallmehl von oxalsaurem Kalk. Die Krystalle, welche *Howard* in der Quinol. auf Fig. 12 abbildet, kommen nicht natürlich in der Rinde vor, sondern sind erst durch chemische Behandlung des Präparats ausgeschieden.

2. **Unbedeckte Calisayarinde.** Flache, bis 1'' dicke Bastplatten, zuweilen noch stellenweise mit spröden, braunen, dunkler geschichteten Borkeschuppen bedeckt, wo diese bereits abgeworfen sind, muschelförmig vertieft, zimmtbraun, auf dem Bruch kurz- und glassplittrig. Querschnitt: Bastzellen unter der Lupe deutlich, hornartig, in genäherten radialen Reihen, gegen das Holz gedrängter, gegen die Borke lockerer an einander gereiht.

Abbild. Taf. I. Nr. 1. Fig. B—D.

Die Borkeschuppen bestehen aus abwechselnden Schichten von Periderm und abgestorbener Rinde, deren innere Lagen schon dem Bast angehören, daher auch Bastzellen enthalten, ihre abgestorbenen Parenchymzellen sind schlaff und durch Resorption der Zellulose Korkzellen geworden, ohne aber deren Anordnung anzunehmen. Die Peridermlagen sind ungleich dick, mehr oder weniger deutlich bogenförmig nach aussen gerichtet und bestehen aus flach tafelförmigen, mit Chinaroth erfüllten Korkzellen. Der Bast ist durch 2—4reihige, linealische Markstrahlen in ungleich breite Felder getheilt; die Markstrahlenzellen sind radial gestreckt und bilden auf dem radialen Längsschnitt ein mauerförmiges Parenchym. Die Baststrahlen bestehen aus einem ziemlich engzelligen Parenchym, dessen Zellen auf dem Längsschnitt etwas vertikal gestreckt sind, und aus den zu unterbrochenen radialen Reihen geordneten Bastzellen, die, wie *Phoebus* sehr richtig bemerkt, auch eine gewisse tangentiale Anordnung in gewissen Zwischenräumen nicht ganz vermissen lassen. Diese Bastzellen stehen seltner unmittelbar zu 2—4 vor einander, gewöhnlich sind sie unter sich durch eine grössere oder geringere Anzahl von Bastparenchymzellen getrennt, zuweilen finden sich auch 2—4 neben einander stehende vor. Sie sind ziemlich dick (^{10}/$_7$), oft ziemlich verkürzt, blassgelb und mit ihren verschmälerten Enden an einander geimpft, seltner frei. Nach dem Präparat von *Phoebus* gehört hierher Quinq. Calisaya plat et roulé *Dl. & B.*, deren Bastzellen wegen des zur Aufbewahrung dienenden Mediums jedoch mehr genähert stehen als in der hier beigegebenen Abbildung.

Die Wurzelrinde, die nach *Henkel* in neuerer Zeit der Stammrinde beigemengt vorkommen soll, findet sich durch *Howard* mitgetheilt von der Var. Josephiana in unserer Sammlung. Es sind unregelmässige, rinnenförmige oder fast flache, aber mannigfaltig gekrümmte und verbogene Stücke von c. 2′ Länge, 1—2″ Breite und bis 3‴ Dicke, aussen rothbraun, uneben, auf der Unterfläche zimmtfarben, splittrig-uneben. Obgleich sie nicht nur durch diese Beschaffenheit von den Stammrinden so bedeutend abweicht, dass ein Uebersehen derselben in der käuflichen Drogue unmöglich ist, so unterscheidet sie sich doch auch durch den anatomischen Bau. Die ziemlich dicke Mittelrinde enthält nämlich keine Safttröhren, die einer mit dieser Schicht versehenen Stammrinde nicht fehlen. Die Bastschicht lässt noch deutlich die kleinen Markstrahlen erkennen, welche bei Stammrinden nicht mehr zu unterscheiden sind; die Bastzellen weichen in ihrem Durchmesser nicht von dem der Astrinden ab und kommen darin meist auch dem der Stammrinden nahe. Eine Eigenthümlichkeit aber, die auf dem unregelmässigen Wachsthum der Rinde beruht, zeigt sich darin, dass man auf der horizontalen Schnittfläche nicht, wie man erwarten sollte, sämmtliche Bastzellen auf der Querschnittfläche, sondern dieselben auch in einzelnen Regionen in schräger, in anderen gar in ihrer vollständigen Längenlage beobachtet.

15. Cort. Cinchonae Bolivianae *Wedd.* Die durch *Howard* mitgetheilten Rindenstücke des in Bolivien einheimischen, bis 50′ hohen Baumes sind die Stammrinden in flachen, 2‴ dicken, im Bruch ziemlich langfasrigen Bastplatten, von zimmtbrauner Farbe, grossentheils von der Borke befreit und hier mit flachen Borkegruben bezeichnet, nur hier und da mit einer nicht sehr dicken, korkigen, geschichteten Borkeschuppe versehen. — Sie findet sich unter der China Calisaya des Handels, ist dieser äusserst ähnlich und vielleicht nur durch die Beschaffenheit der Borke und die Bruchfläche des Bastes zu unterscheiden.

Im anatomischen Bau ist sie gleichfalls der vorigen Rinde sehr ähnlich. Die blassgelben Bastzellen sind eben so dick (^{10}/$_6$—^{12}/$_7$) stehen auch in unterbrochenen Reihen, stellenweise, wenn nicht etwa nur ein individuelles Kennzeichen, jedoch mehr genähert und ununterbrochen, so dass sie auf dem Längsschnitt häufig zu einem prosenchymartigen Gewebe zusammengestellt erscheinen.

16. Cort. Cinchonae succirubrae *Pav.*, **Cort. Chinae ruber durus**, Cascarilla colorada de Huaranda (Quito *Pav.*), nach den Präparaten von *Phoebus* Quinq. ronge vif *Dl. & B.* — Die Rinde des in der Provinz Quito einheimischen, bis 50′ hohen Baums kommt in Röhren oder flachen, bis 3‴ dicken Rindenstücken im Handel vor; erstere sind aussen mit einem milchweissen, querrissigen, längsrunzligen Periderm bedeckt, welches sich leicht von der Rinde trennt und dann die dunkel zimmtbraune, matte, mit Längsrunzeln und Querrissen versehene Mittelrinde frei lässt, innen roth zimmtfarben, auf dem Bruch fein und langfasserig. Im Alter bildet sich eine harte, derbe, spröde, rothbraune, stellenweise weiss überflogene, vorherrschend längsrissige, mit Korkwarzen besetzten Borke und ein dicker braunrother Bast. Die Rinde geht zuweilen auch als China Huanoco.

Abbild. Taf. VII No. 20.

Das Periderm ist wie bei der Calisayarinde sehr dicht, und dunkel gefärbt. Die ziemlich dicke Mittelrinde besteht aus c. 35 Reihen dünnwandiger, mit einer tief rothen Flüssigkeit erfüllter Zellen, ohne Steinzellen; die Saftröhren füllen sich nicht selten durch innere Zellenbildung aus, sind jedoch auch noch bei Stammrinden sichtbar. Die Markstrahlen des Bastes erweitern sich wie gewöhnlich keilförmig nach aussen und ihre Zellen sind grösser als die Bastparenchymzellen in den Baststrängen. Die Bastzellen ($^{10}/_7$) sind roth oder orange, stehen in stellenweise unterbrochenen radialen Reihen und sind nicht selten auch tangential geordnet. Bei der Stammrinde sind die Zellen der kleinen Markstrahlen von denen des Bastparenchyms nicht mehr zu unterscheiden, so dass die breiten Baststrahlen nur durch die parallel verlaufenden grossen Markstrahlen getrennt werden.

Von der echten China rubra finden sich bekanntlich zwei in Textur und anatomischem Bau verschiedene Sorten im Handel, die von mir schon in der 1sten Auflage meiner Pharmakognosie als China rubra dura und suberosa unterschieden wurden. Beide Rinden sind auch den Engländern bekannt. Denn die eben beschriebene China rubra dura findet sich in unserer Sammlung als „Commercial red Bark from the branches of the true Cinch. succirubra *Pav.* 1856" von *Howard* in dünnen Röhren mitgetheilt, eben dahin gehört die gleichfalls von *Howard* herrührende „Bark of Cinch. rufinervis *Wedd.*" Die andere bereits pag. 18. No. 2 als China rubra suberosa beschriebene Sorte ist die eigentliche China rubra unserer festländischen Offizinen, auch besitzen wir sie als „commercial Red Bark", gleichfalls von *Howard* empfangen, in unserer Sammlung, so wie ausserdem noch ein dahin gehörendes, mit Rinde bedecktes Stammstück aus derselben Quelle. Auch *Pavon* kannte beide Rinden, denn die oben beschriebene China rubra dura findet sich unter der oben citierten Benennung „Cascarilla colorada de Huaranda, Quito" von Cinchona succirubra *Pav.* abgeleitet vor, desgleichen auch die China rubra suberosa unter der Signatur „Cinchona magnifolia Flor Peruv., C. oblongifolia *Mutis*. Esta es la verdadera Quina roxa de *Mutis*, la hay arollada y cortezon". Da nun die später unter den falschen Chinarinden zu beschreibende Rinde der Cinch. (Ladenbergia) magnifolia gleichfalls in *Pavon*'s Sammlung vorhanden, in der äusseren Beschaffenheit und im anatomischen Bau völlig verschieden ist, so geht daraus hervor, dass *Pavon* die Stammpflanze seiner Quina roxa, d. h. der China rubra suberosa, gar nicht gekannt hat, denn er würde nimmermehr die kleinblüthige Cinchone mit der grossblüthigen Ladenbergie verwechselt haben. Sondern von der vorgefassten Meinung ausgehend, die rothe China von Quito müsse dieselbe sein, wie die aus Neu-Granada, Quina roxa *Mutis*, und dieselbe Abstammung haben, substituierte er der Rinde von Ecuador die Stammpflanze aus Neu-Granada. Es steht also nach dem Inhalt der *Pavon*'schen Sammlung fest, dass China rubra dura von Cinch. succirubra herstammt und dass die Stammpflanze der China rubra suberosa nicht die von *Pav.* dafür ausgegebene Cinch. magnifolia sein kann. So stand die Sache, als sie plötzlich durch *Howard* und nachdem von *Klotzsch* und *Schacht* in ein anderes Geleise geschoben wurde. Das Nähere darüber erfahren wir in der *Klotzsch-Schacht*'schen Abhandlung über die Abstammung der im Handel vorkommenden rothen Chinarinde, Berlin 1858. Es scheint mir am zweckmässigsten, zuerst rein zu referieren. *Howard*, sagt er, durch eine Bemerkung *Weddell*'s veranlasst, habe sich Stamm- und Ast-Exemplare der Cascarilla roja aus der Provinz Alausi verschafft, und da er im Herbar zu Kew ein Original-Exemplar der Cinch. succirubra vorgefunden, eine Abbildung desselben und einen

Blattzweig der oben erwähnten Cascarilla roja an *Weddel* zur Feststellung der Spezies gesendet, dieser habe Beides für seine Cinch. ovata erythroderma erklärt. *Howard* habe nun *Klotzsch* veranlasst, zu untersuchen, ob die Pflanze als C. succirubra selbständig sei oder als Varietät zu Cinch. ovata gehöre. *Klotzsch* giebt nun eine lateinische Beschreibung des obengenannten Materials und folgert daraus, ohne eine Charakteristik der Cinch. ovata dabei zu erwähnen, dass Cinch. succirubra wirklich eine selbständige Art sei. Mit einer Volte, die einem Berliner Akademiker Ehre macht, erzählt er, dass er durch Vergleichung der Elementarorgane des Cort. adstringens und Barbatimao mit denen eines Herbarium-Exemplares von Pithecollobium Auaremotomo *Mart.* die Identität beider nachgewiesen und diese Erfahrung seit jener Zeit vielfach bestätigt gefunden habe. Darauf hin habe er *H. Schacht* mit Material zur anatomischen Bearbeitung versehen und legt dessen Referat der Akademie (in der kein Sachverständiger sass) zur geneigten Approbation vor. Vergleichen wir nun mit diesen Fictionen das eigentliche Sachverhältniss. *Howard* lässt sich aus Ecuador von der dort gekannten rothen China Stammstücke und Zweige kommen (Blüthen und Früchte waren nicht zugegen), diese gehören nach *Howard's* Original-Stammstück unserer Sammlung zu China rubra suberosa, schickt mit einem Blattzweig derselben eine Abbildung eines Blüthen- und Fruchtzweigs der echten *Pavon*'schen Cinch. succirubra, der Stammpflanze der Casc. colorada de Huaranda, d. h. der China rubra dura, an *Weddell* zur Bestimmung, dieser erkennt dies von 2 verschiedenen Spezies entnommene Material als zu seiner Cinch. ovata var. erythroderma gehörig an. *Klotzsch* entwirft aus derselben Composition eine Diagnose, erklärt sie für verschieden von C. ovata und giebt nun zur Verification an *Schacht* folgendes Material: 1) Rothe Rinde des Handels von dicken Zweigen (übrigens nicht Ast-, sondern Stammrinde), 2) dito von Stamm und Wurzel, 3) dito von Zweigen, 4) das Stammstück der China rubra suberosa von *Howard*, 5) Roxa plancha, 6) Cinch. lucumaefolia var. rubra, 7) C. micrantha var. rotundifolia; beide letzteren wohl als falsche rothe China. Sämmtliche Nummern befinden sich auf unserer Sammlung, und zwar gehören 1—5 zur China rubra suberosa, 6, ist gemischt aus einer Varietät der C. lancifolia und aus C. amygdalifolia, welche letztere von *H. Schacht* untersucht ist. Die ganze Untersuchung ist kopflos angelegt; es musste anatomisch nachgewiesen werden, dass die genannten Nummern der China rubra suberosa im anatomischen Bau identisch seien mit der Rinde der Originalpflanze von *Pavon*, das ist unterblieben und musste unterbleiben, wenn nicht das Gegentheil bewiesen werden sollte, denn die Rinde der *Pavon*'schen Pflanze hat einfach den Bau der China rubra dura, aber nicht den der China rubra suberosa. Es ist daher immer noch die Stammpflanze der letzteren unbekannt. Nun habe ich aber erst jetzt eine Rinde der *Pavon*'schen Sammlung aus dem Königl. Herbar erhalten „Cascarilla serrana de Huaranda Quito, Cinchona coccinea *Pav.*", welche zwar in den beiden vorliegenden Bruchstücken nicht in der Farbe, denn diese ist huamaliesartig, wohl aber in der Textur und im anatomischen Bau mit jüngerer China rubra suberosa übereinstimmt. Es wäre daher wohl möglich, dass letztere eine rothe Varietät der Pflanze sei.

4. *Saftröhren und Steinzellen vorhanden.*

17. Cort. Cinchonae conglomeratae *Pav.*, Cascarilla colorada de Loxa de la provincia Jaën *Pavon.* — Es liegen nur bis 2''' dicke Astrinden des in der Provinz Quito vorkommenden, 35—40' hohen Baumes vor, in Röhren von 6''' Durchmesser aussen sind sie perlgrau, stellenweise heller oder dunkler, mit schmalen, ziemlich tiefen und genäherten Querrissen, die durch ihr Zusammenfliessen ziemlich um die Röhre reichen und mit kurzen, dünnen Längsfurchen versehen, innen dunkel zimmtbraun, auf der Bruchfläche ziemlich langsplittrig. Querschnitt: Periderm ziemlich dick, innen braunschwarz; die Mittelrinde dünn, ohne Harzring, auf der Grenze mit einem ziemlich dichten Kreise von Saftröhren; Bast sehr dick, mit keilförmig erweiterten Markstrahlen und einzelnen, zu ziemlich dichten radialen Reihen vereinigten Bastzellen. — Die Rinde kommt unter Loxarinde vor, wird von Drognisten auch als China Pseudo-Loxa ausgegeben. Hierher scheint mir auch *Howard's* Quina cana legitima zu gehören, die *How.* von Cinch. nitida ableitet.

Die Peridermzellen sind mit einer rothbraunen Masse erfüllt. Die Mittelrinde besteht aus c. 20 Reihen dünnwandiger Zellen, zwischen denen reichlich dickwandige Saftzellen vorkommen; die Saftröhren sind genähert und finden sich oft in zwei wechselnden Reihen. Die Markstrahlen des Bastes sind vorn keilförmig erweitert und enthalten hier, wie die Mittelrinde, Steinzellen, ihre übrigen Zellen weichen nicht bedeutend von denen des Bastparenchyms ab; Bastzellen ($\frac{12}{}$) sind reichlich vorhanden, zitrongelb und stehen einzeln in unterbrochenen radialen Reihen; Stabzellen fehlen.

18. Cort. Cinchonae umbelluliferae *Pav.*. Cascarilla fina Provinciana de Quito *Pavon.* — Die Rinde des bis 70' hohen in der Provinz Jaën vorkommenden Baumes liegt in Röhren vor, die durch hervortretende Längsleisten oft etwas kantig, aussen perlgrau oder grau bräunlich sind, zuerst glatt, später mit zarten, entfernten, nicht herumreichenden Querrissen, innen gelbzimmtfarben, auf dem Bruch nach innen kurz- und dünnsplittrig. Später wird das Periderm rissiger, es bildet sich Borke und die Rinde wird der China rubra de Cusco ähnlich. Querschnitt: Unter dem Periderm ein schwarzer Harzring, an der Grenze des Bastes ein Kreis von Saftröhren; Bastzellen sehr klein, radial geordnet.

Diese Rinde findet sich häufig unter der Huanocorinde in Röhren, sie ist identisch mit einer Beisorte der Cinch. lutea in *Pavon's* Sammlung, Cascarilla amarilla de Chito *Pav.* Hierher gehört ferner Cascarilla crespilla de Jaën in *Howard's* Abbild. Fig. 19 und von den Rinden der Sammlung *Howard's* „Colorada de Cusco (C. scrobiculata). — Bark of C. scrobiculata (50 Years in England)" und „Soft Carabaya bark".

Abbildung Taf. VIII. Nr. 22.

Das Periderm ist ziemlich dick. Die Mittelrinde dagegen ist verhältnissmässig ziemlich dünn und besteht aus c. 30 Reihen dünnwandiger Zellen, mit nur wenigen, vereinzelten, dickwandigen Saftzellen, die sich nie bis in den Bast erstrecken, auch wohl fast fehlen; die Saftröhren sind ziemlich weit und bilden einen Kreis. Der Bast ist von 3—4 reihigen, nach aussen keilförmig erweiterten Markstrahlen durchschnitten; die durch dieselben begrenzten Baststrahlen sind durch 1- oder nach vorn 2reihige, kleinere Markstrahlen, deren Zellen sehr stark tangential gestreckt sind, in schmale, zuweilen vorn wieder zusammenfliessende secundäre Baststrahlen getheilt, deren Bastparenchymzellen kleiner sind als die der Markstrahlen. Die Bastzellen sind blassgelb, ziemlich dick ($^{10}/_{}$) und stehen in sehr unterbrochenen radialen Reihen, vereinzelt oder zu 2—3 genähert; ausserdem sind noch 2—3mal dünnere, blassgelbe Stabzellen vorhanden. Beide dickwandige Zellenarten sind im Längenverlauf gebogen, hier und da wulstig, die Stabzellen an den Enden abgeplattet, die Bastzellen spitz, zuweilen 2spaltig.

19. Cort. Cinchonae scrobiculatae *Hb. & Bpl.* Die Rinde des in der Provinz Jaën vorkommenden, bis 40' hohen Baums kommt in 2 Hauptformen vor. Bei der einen ist die jüngere Rinde der China grisea ähnlich, mit einem milchweissen, rissigen Periderm versehen, welches allmählich dicker und rissiger wird und endlich durch Bildung von Borke verdrängt wird, später wirft sie Borkeschuppen ab, und die bis 6''' dicke Rinde erscheint dann auf der Oberfläche matt rothbraun, entfernt querrissig, jünger eben, älter uneben, stellenweise noch mit einem dünnen, weissen Kork bedeckt, zuletzt wird sie der Calisayarinde ähnlich, von der sie sich leicht durch die langfasrige Bruchfläche unterscheidet. Bei der anderen Form bleibt der Kork lange zugegen, ohne sich stark zu verdicken, wird rein dunkelbraun, bildet Korkwarzen und stellt so Rinden dar, die als China Huamalies in den Handel kommen. Querschnitt: Mittelrinde, wo sie noch vorhanden ist, rothbraun, durch einen Kreis von Saftröhren von dem Bast getrennt; Borke geschichtet, korkig; Bastzellen als feine, dunkle, in radialen Reihen stehende Punkte.

Sie kommt theils als China Calisaya fibrosa, theils als China Huamalies, auch als China rubiginosa, China de Cusco, China Uritusinga suberosa etc. in den Handel und ist nach *Howard* eine alkaloidreiche Rinde. Quina dudosa *Pav.* erscheint mir nur eine stark warzige huamaliesartige Rindenform dieser Art. Nach den zur genauen Bestimmung freilich nicht ganz ausreichenden Präparaten von *Phoebus* scheinen mir Quinquina rouge de Cuzco *Dl. & B.* (womit auch *Phoebus* übereinstimmt) und Quinq. faux Calisaya *Dl. & B.* hierher zu gehören, auch Quinq. Huanoco jaune pâle *Dl. & B.* möchte ich hierherziehen, diese hat ungemein viele Krystallzellen in dem Parenchym, Steinzellen auch im Bast, Bastzellen in Reihen, auch in Gruppen. — Diese Rinde, so häufig und so vielgestaltig sie heute für sich und als Beimengung anderer Rinden vorkommt, war *Pavon* nicht bekannt, denn seine „parecida a la naranjada", die *Howard* auf einige dieser Rinden bezieht, gehört zu Cinch. macrocalyx. Unter dem Mikroskop ist sie von anderen Arten leicht und sicher zu unterscheiden, wenn man sie nur einmal gesehen hat. *Howard* hat bei den von ihm mitgetheilten Rinden unserer Sammlung dieselbe nicht richtig erkannt, da er, wie wir oben sahen, Rinden der C. umbellulifera für C. scrobiculata deutete und umgekehrt echte C. scrobiculata auf andere Arten bezog. So gehören seine „Bark from Carabaya, rich in Quinine, 1854. — Cinchonabark (B), very rich in Quinine, 1854, ?? Cinch. Obaldiana *Klotzsch.* — Cinch. ovata var. inedita macrocarpa *Wedd.* — Bark of Cinch. micrantha from Bolivia, 1851. — Bolivianbark rich in alkaloids,? C. micranthae var. — Bark of Cinch. ovatae var.,? comes occasionelles with Calisaya. — Bark from Peru, Cinch. micrantha,? attempted to be sold as Calisaya, 1849" sämmtlich zu dieser Art, die auch in den deutschen Handel als China Carabaya, Calebaja und im älteren Zustande als Calisayarinde gelangt ist. Auch unter dem Namen „Gelbe Pararinde" haben wir dieselbe von *Zimmer* erhalten.

Abbildung der Rinde Taf. II. Nr. 2.

Periderm oder dicker Kork, später Borke, bei der die Schichten lange zusammenhängen, ehe sie abgeworfen werden; die Steinzellen und selbst die Saftröhren behalten in den abgestorbenen Rindeschichten ihren vollen Umfang bei und sind daher auch noch bei älteren Exemplaren zu erkennen. Die Mittelrinde besteht aus c. 30 Zellenreihen, enthält zahlreiche, meist tangential gestreckte, dickwandige Saftzellen; die Saftröhren sind ziemlich genähert und weit, selten sehr eng, und bilden einen einfachen oder doppelten Kreis. Die Markstrahlen des Bastes sind nach vorn keilförmig verbreitert und enthalten auch hier dickwandige Saftzellen; die Baststrahlen laufen daher in diesem Theile des Bastes schmal aus, ihr Füllgewebe ist sehr kleinzellig gegen die Markstrahlen; die Bastzellen sind sehr dünn ($^1/_4$—$^3/_5$), sehr reichlich vorhanden, blassgelb, zu dichten, auch seitlich genäherten Einzel-, zuweilen auch Doppelreihen geordnet, die nach innen wenig unterbrochen durch Bastparenchymzellen verlaufen; dünne Stabzellen sind ausserdem in den Baststrahlen vorhanden.

B Bastzellen in radialen Reihen und in mehr oder minder umfangreichen Gruppen.

1. Saftröhren und Steinzellen vorhanden.

20. Cort. Cinchonae amygdalifoliae *Wedd.* Die Rinde des in der Provinz Carabaya in Peru vorkommenden, bis 50' hohen Baums liegt in 2—4''' dicken, durch *Howard* übermittelten

Originalexemplaren vor, die jüngere in Röhren, die ältere in fast flachen Stücken. Jene ist mit einem dünnen, weichen, gelblich weissen, hier und da warzigen Kork bedeckt, der sich leicht abreibt oder abblättert, so dass die Mittelrinde mit brauner Farbe hervortritt, innen ist die Rinde dunkel zimmtfarben, im Bruch dünn- und langsplittrig; später bildet sich eine weiche, braunrothe, aussen weissliche Borke, die endlich in Schuppen abgeworfen wird.

Die Röhren sind denen der Cinch. purpurea, die älteren Stücke der China flava rubiginosa ähnlich. Wie schon oben bei China rubra Nr. 16 erwähnt wurde, hatte *H. Schacht* von *Klotzsch* zwei von *Howard* mitgetheilte falsche rothe Chinarinden zur Untersuchung erhalten, die eine derselben mit der Bezeichnung „Cinch. lucumaefolia red var." bestand aus 2 Exemplaren zweier verschiedener Rinden, nämlich einer unter dem Namen *Wittstein*'s Rinde gehenden, vielfach gemissbrauchten rothen Varietät der Cinch. lancifolia und der Rinde von *C. amygdalifolia Wedd*. *H. Schacht*, der bekanntlich weder phytognostische noch pharmakognostische Kenntnisse, am wenigsten von Chinarinden, besass, ergriff zufällig das letztere Exemplar für seine Untersuchung, daher gehören die Figuren 7—10 der *Klotzsch-Schacht*'schen Abhandlung nicht zu Cinch. lucumaefolia, sondern zu unserer Art, Cinch. amygdalifolia *Wedd*. Die Rinde dieser Art steht der von C. scrobiculata ungemein nahe und unterscheidet sich nur durch die Doppelreihen und Gruppen der Bastzellen, die bei beiden Arten zu den dünnsten bei Cinchonen vorkommenden gehören.

Abbild. Taf. V. No. 12.

Der Kork ist farblos. Die Mittelrinde ist sehr dünn, besteht aus 15—20 Reihen dünnwandiger Zellen, zwischen denen sich reichlich dickwandige Saftzellen finden, die auch in dem äusseren Theil der Markstrahlen vorhanden sind; die Saftröhren an der inneren Grenze sind sehr eng. Die grossen, meist 3reihigen Markstrahlen des Bastes verbreitern sich nach vorn keilförmig, auch die kleinen Markstrahlen, welche mit einer Reihe sehr kleiner Parenchymzellen beginnen, erweitern sich bald zu 2—4 Reihen bedeutend tangential gestreckter Zellen und weiten sich keilförmig aus oder schneiden schon früher ab, ohne die Mittelrinde zu erreichen. Die Baststrahlen sind durch die nahe gerückten Markstrahlen sehr schmal und die Zellen ihres Füllgewebes (Bastparenchyms) kleiner als die der Markstrahlen; die Bastzellen sind dünn ($\frac{2}{3}$), sehr reichlich vorhanden, zitrongelb, stehen in hier und da unterbrochenen Einzel- und Doppelreihen und bilden oft Gruppen; dünnere Stabzellen sind hier wie bei C. scrobiculata vorhanden.

21. Cort. Cinchonae parabolicae *Pav*., Cascarilla con hojas rugosas de Loxa *Pav*., nec *Bergen*, welche *Klotzsch* zu Cinch. Mutisii *Lambert* zieht. Die Rinde des bis 30′ hohen Baums liegt nur in Astrinden vor und ist von der der vorhergehenden Art hinlänglich verschieden. Es sind Halbröhren, bis 1½‴ dick, aussen querrissig und längsrunzlig, schwarzbraun oder aschgrau, stellenweise weiss oder schwarz überflogen, bei älteren Rinden mit einem ochergelben Kork bedeckt. Der anatomische Bau ist der der vorhergehenden Art, von der sie im Habitus der Pflanze wesentlich verschieden ist.

22. Cort. Cinchonae corymbosae *Karsten*. Es liegen nicht gesonderte Rinden, sondern nur ein 16‴ dickes, mit 1‴ dicker Rinde versehenes Aststück des bis 120′ hohen, in Neu-Granada einheimischen Baumes vor. Die Rinde ist aussen grau, sehr zart längs- und querrissig, innen dunkelbraun und im Bruch kurz- und dünnsplittrig.

Abbild. *Karsten* Med. Chinarinden Taf. II. Nr. 12.

Unter dem Kork liegt die aus 16—20 Reihen dünnwandiger Zellen bestehende, also in specie dünne Mittelrinde, in der sich reichlich theils polyedrische, theils quer gestreckte Steinzellen finden; die Saftröhren sind sehr eng. Beide Arten der Markstrahlen erweitern sich nach vorn und ihre Zellen sind grösser als die des Bastparenchyms. Die Bastzellen sind mitteldick ($,^*$,), reichlich vorhanden, nach aussen vereinzelt, dünner, nach innen dicker, häufig in Gruppen vereinigt, blassgelb.

23. Cort. Cinchonae purpureae *Rz. & Pav.*, Cascarilla de hoja morada *Pav.* Es liegen nur Astrinden in Röhren dieses c. 24′ hohen Baumes vor. Die Röhren sind mit einem ziemlich ebenen, längsrunzlichen, seltner zart querrissigen oder gar mit Korkwarzen versehenen Kork von gelblichweisser oder gelbgrauer, stellenweise weisslicher Farbe, der später durch Borke ersetzt wird, versehen, innen sind sie gelbzimmtfarben, grobgestreift und im Bruch kurzsplittrig. Querschnitt: Kork weiss; Mittelrinde ziemlich dick, dunkel zimmtbraun, gegen den Kork dunkler, mit weissen, verkürzten Querstreifen (Saftzellen), durch einen Kranz von Saftröhren vom Bast getrennt; dieser mit radial geordneten Bastzellen.

Eine geringe Sorte, zuweilen der China Jaën pallida und auch der Ch. Huanoco beigemengt, weder in der Sammlung von *Howard*, noch in der von *Dl. & B.* Sie steht der C. lutea nahe, aber die zahlreichen Steinzellen und Krystallzellen unterscheiden sie von derselben. — Nach *Lambert* wäre sie identisch mit C. scrobiculata Hb., wogegen der anatomische Bau spricht.

Abbildung Taf. VII. Nr. 17.

Der Kork ist innen farblos, aussen oft mit brauner Substanz erfüllt. Die Mittelrinde ist ziemlich dick und besteht aus 35—40 Reihen dünnwandiger Zellen, zwischen denen zumal gegen den Kork sich zahlreiche, dickwandige Saftzellen und dünnwandige, mit einem Krystallmehl von oxalsaurem Kalk erfüllte Zellen finden; zwei genäherte Kreise von Saftröhren, die später häufig durch endogene Zellenbildung ausgefüllt werden, trennen die primäre Rinde vom Bast. Die nach aussen keilförmig erweiterten Markstrahlen des Bastes enthalten hier häufig einige Steinzellen und zerstreut mit Krystallmehl erfüllte Zellen. Das Bastparenchym der Baststrahlen besteht aus Zellen, die kleiner sind als die tangential gestreckten Zellen der meist einreihigen kleinen Markstrahlen. Die Bastzellen sind dick ($^{12}/_{13}$), in tangentialer Richtung meist breiter als in radialer, gold- bis orangegelb, ungleich dick, zu undeutlichen tangentialen Zonen geordnet, im äusseren Theil gedrängter, zuweilen zu Gruppen vereinigt, dicker, verkürzt, im inneren mehr vereinzelt, dünner, verlängert, die innersten häufig noch nicht völlig verholzt; Stabzellen sind ausserdem im Bastparenchym vorhanden.

24. Cort. Cinchonae suberosae *Pav.*, Cascarilla blanca pata de Gallinazo de Loxa *Pavon*. Die Rinde dieses bis 24′ hohen Baumes liegt nur in Astrinden vor, sie ist c. 1′″ dick in Röhren von $^1/_2″$ Durchmesser. Sie steht ihrem äusseren Ansehn nach in der Mitte zwischen denen der Cinch. conglomerata und umbellulifera, und ist minder tief rissig als jene, tiefer rissig als diese, aschgrau, mit dunkleren Stellen, innen zimmtbraun und im Bruch lang- und grobsplittrig. Querschnitt: Ein dunkler Harzring unter dem Periderm; ein Kreis dunkler Saftröhren an der Grenze der Mittelrinde und des Bastes, welcher radial geordnete Bastbündel erkennen lässt.

Die von *Howard* als China suberosa bestimmte Rinde gehört zu Cinch. microphylla *Pav.*

Die junge Rinde ist mit einem dicken Periderm versehn, später bildet sich Borke, welche die Mittelrinde mit den Saftröhren abgliedert. Die dünne Mittelrinde besteht aus 20—25 Reihen dünnwandiger Zellen, zwischen welchen sich ziemlich reichlich dickwandige Saftzellen befinden, die auch nicht selten im äusseren Theil der Markstrahlen vorkommen; die Saftröhren sind ziemlich weit, verschwinden indessen später. Die Bastzellen sind ziemlich dick ($^{10}/_{7}$); stehen in Gruppen, selten in dichten Reihen, dazwischen auch vereinzelt und lassen eine tangentiale Anordnung nicht verkennen.

25. Cort. Cinchonae ovatae *Rz. & P.*, Cascarilla boba de Pata de Gallereta *Pav.* Die Rinde dieses in Peru einheimischen Baums liegt nur in Astrinden vor. Es sind Röhren mit einem glatten, glänzenden, gelblich weissen, hier und da quer eingerissenen Kork; wo dieser fehlt, tritt die dunkel zimmtbraune Mittelrinde hervor; innen sind sie dunkel zimmtbraun; auf dem Bruch nach innen lang- und grobfaserig. Querschnitt: Unter dem weissen Kork zeigt sich die dicke, dunkelbraunrothe, an der Peripherie noch dunklere Mittelrinde, die durch einen Kreis deutlicher Saftröhren vom Bast getrennt ist; Bast braunroth, mit sehr kleinen, fast schwarzen, radial geordneten, einzelnen oder gehäuften Bastzellen.

Es ist eine alkaloidarme Rinde, die zuweilen der China Jaën pallida beigemengt ist. Nach den Präparaten von *Phoebus* könnte Quinq. brun de Cuzco *Dl. & B.* hierher gehören, wegen des dicken Korks, der mit Steinzellen und grossen, häufig mit Zellen ausgefüllten Saftröhren versehenen Mittelrinde und der vielen Krystallzellen; doch ist der Bast so unvollständig erhalten, dass fast gar keine Bastzellen vorhanden sind, um nach ihnen bestimmen zu können. Quinq. Carabaya plat *Dl. & B.*, welche *Phoebus* zu dieser Art zieht, möchte wohl zu Cinch. Condaminea gehören. C. ovata var. macrocarpa *Wedd.* ist C. scrobiculata.

Abbildung Taf. VIII. Nr. 23.

Der Kork ist ziemlich dick, farblos. Die dicke Mittelrinde besteht aus c. 50 Reihen dünnwandiger Zellen, zwischen denen sich ziemlich zahlreiche, dickwandige Saftzellen finden, die sich jedoch nicht in den Bast fortsetzen. Ein Kreis von oft schräg vor einander stehenden, weiteren und engeren Saftröhren trennt dieselbe von dem Bast. Die grösseren 2—4-reihigen Markstrahlen erweitern sich nach vorn keilförmig, die kleineren sind 1—2-reihig und ihre Zellen kaum grösser als die des Bastparenchyms, welche häufig ein Krystallmehl, selten einen einzelnen grösseren Krystall enthalten. Die Bastzellen sind ziemlich dick (²/₅), blassgelb, stehen zuerst vereinzelt, später in unterbrochenen radialen Reihen oder häufig in aus 2—9 vereinigten Zellen bestehenden Gruppen. Auf dem Längsschnitt erscheinen sie verschieden dick, unregelmässig spitz endend, seltner die innersten mit grösserem Lumen und körnigem Inhalt versehen.

2. Saftröhren vorhanden, Steinzellen fehlend oder sehr spärlich.

26. Cort. Cinchonae Obaldianae *Klotzsch*, Quina Carmin *Kl.*, aus Neu-Granada von *Warszewicz* gesammelt, ist der China flava sehr ähnlich, vorwaltend längsfurchig, mit gelblichweissem, weichem Kork bedeckt, der leicht abschülfert, innen gelb zimmtfarben, im Bruch splittrig. Querschnitt: Unter dem weisslichen Periderm zeigt sich ein dunklerer Harzring; die Saftröhren sind unter der Lupe nicht zu erkennen; Bastzellen in radialen Reihen.

Im anatomischen Bau ist sie der Cinch. Condaminea ähnlich, hat aber einen fast farblosen Kork; in der Mittelrinde fehlen die Steinzellen, wodurch sie sich von China flava fibrosa unterscheidet; ähnlich wie bei C. Uritusinga finden sich in der Richtung der Baststrahlen kleinere Zellen; die Saftröhren sind sehr eng; die Bastzellen (⁴/₁₀) sind rothgelb, nicht so nahe gerückt wie bei C. Uritusinga, aber ebenfalls in radialen Reihen; dünne Stabzellen sind zugegen.

27. Cort. Cinchonae heterophyllae *Pav.*, Cascarilla negrilla o negra *Pav.* Die Rinde dieses hohen, in Quito einheimischen Baums liegt nur in Astrinden vor. Dünne Rinden mit aschgrauem, stellenweise schwärzlichem, zart querrissigem Periderm, innen dunkel zimmtbraun, im Bruch mit wenigen, kurzen, dicken Splittern. Querschnitt: Rinde schwarzbraun, dicht; Saftröhren unter der Lupe nicht deutlich; Bast chokoladebraun, mit wenigen Bastbündeln. — Eine in etwas dickeren Röhren vorliegende Varietät hat deutlichere Querrisse, einen dunklen Harzring unter dem Periderm, einen mit dunklen Bastbündeln durchsetzten Bast und einen mehr splittrigen Bruch. Kommt als Loxa-China vor.

Abbildung Taf. IV. Nr. 9.

Das Periderm ist schwarzbraun. Die Mittelrinde ist dünn und besteht aus c. 25 Reihen dünnwandiger Zellen, ohne Steinzellen. Die Saftröhren sind sehr eng, unter sich entfernt. Die Markstrahlen des Bastes sind nach vorn keilförmig verbreitert und ihre Zellen grösser als die des Bastparenchyms. Die Bastzellen sind ziemlich dick ($^{10}/_{7}$), blassgelb, spärlich, nach aussen vereinzelt, nach innen in Gruppen. Krystallzellen kommen häufig im Parenchym der Rinde vor.

3. Saftröhren und Steinzellen fehlend oder letztere sehr spärlich.

28. Cort. Cinchonae subcordatae *Pav.*, Cascarilla Pata de Gallinazo *Pav.* Es liegen nur Astrinden dieses in der Provinz Loxa einheimischen, 18—24' hohen Baumes vor. Jüngere Rinden sind eben, zart-querrissig, aussen graubraun, stellenweise weisslich, innen zimmtfarben, ältere huamaliesartig, warzig, im Bruch splittrig.

Abbild. *Howard* Quinol. Fig. 21.

Zuerst ist Kork vorhanden, später bildet sich Borke aus. Die Mittelrinde ist dünn und besteht aus c. 25 Reihen dünnwandiger Zellen, zwischen welchen zerstreut Steinzellen vorkommen; Saftröhren sind nur in den jüngsten Rinden vorhanden, später fehlen sie. Die Bastzellen sind ungleich ($^{10}/_{13}$), vereinzelt, in Reihen und in Gruppen, meist tangential geordnet.

Howard hat noch eine zweite Cascar. Pata de Gallinazo (Fig. 7), die er von C. Peruviana, einer von ihm aufgestellten Art ableitet. Ich vermag die anatomische Abbildung nicht zu deuten, wegen der mit grossem Lumen versehenen dickwandigen Zellen in den Baststrahlen, die mir bisher noch bei keiner Cinchone vorgekommen sind; sie hat Steinzellen und Saftröhren in der Mittelrinde und kann daher nicht in diese Gruppe gehören. *Phoebus* leitet von dieser C. Peruviana Quinq. Huanoco jaune pâle *Dl. & B.* ab.

29. Cort. Cinchonae micranthae *Rz. & P.*, nec *Poepp.*, nec *How.*, Cascarilla provinciana blanquilla *Pav.* Die Rinde des vielfach mit anderen Cinchonen, zumal mit C. scrobiculata, verwechselten, in Peru und Bolivien einheimischen hohen Baums findet sich in Ast- und Stammrinden in der Sammlung. — Röhren oder flache Rindenstücke, jene vorwaltend längsfurchig, zart querrissig, aussen graubraun, stellenweise aschgrau, innen gelbbraun. Die älteren bis 3''' dicken Rinden der Var. oblongifolia *Wedd.* sind aussen mit weichem, weisslich gelbbraunem Kork, zahlreichen Längsleisten und Korkwarzen versehen, innen dunkler gelbbraun, im Bruch splittrig; der Var. rotundifolia *Wedd.* bis 6''' dick, aussen mit weichem, weisslichem Kork und, wo dieser abgerieben ist, braunroth, ebenfalls mit Längsleisten und Korkwarzen versehen, sehr spät erst Borkeschuppen bildend, innen braunroth. Querschnitt: Kork weiss; Mittelrinde bei jungen Rinden zu einem braunen Harzringe zusammengefallen, bei älteren in der Peripherie allein dunkler; Bast mit deutlichen, radial geordneten Bastzellen.

Die jüngere Rinde kommt als Huanoco-China, die ältere und zwar die der Var. oblongifolia als Huamalies-China, die Var. rotundifolia als falsche rothe China im Handel vor. Zur vorstehenden Art möchte ich *Howard*'s Cascarilla colorada del Rey, Abbild. Fig. 1 ziehen, nicht zur Cinch. Chahuarguera, bei der schon die ersten Bastzellen in Gruppen zu stehen pflegen. *Howard*'s Cascarilla provinciana unterscheidet sich durch deutliche Saftröhren, sonst ist der Bau ziemlich wie bei C. micrantha, von der *Howard* die Rinde ableitet. *Phoebus* zieht zu dieser Art Quinq. Huanoco roulé avec. épid. *Dl. & B.*, wohl nicht ganz mit Unrecht, obgleich Steinzellen in der Mittelrinde vorkommen.

Abbild. Taf. V. Nr. 13. Taf. VI. Nr. 16.

Der Kork ist mehr oder minder dick. Die Mittelrinde ist nur dünn und besteht aus 20—25 Reihen dünnwandiger Zellen, die häufig ein Krystallmehl enthalten, gewöhnlich ohne Steinzellen; Saftröhren fehlen. Markstrahlen des Bastes nach aussen keilförmig erweitert, mit Zellen, die nicht auffallend grösser sind als die des Bastparenchyms, welches gleichfalls Krystallzellen enthält; Bastzellen ($^2/_8$, $^{10}/_7$; $^{12}/_8$ in d. Var. rotdf.) in ununterbrochenen Reihen, nach innen bei älteren Rinden dichter, vereinzelt oder zu 2—8 in meist 2-reihigen Gruppen.

30. Cort. Cinchonae Chahuarguerae *Pav.*, Cascarilla Chahuarguera *Pav.*

In der Sammlung finden sich nur Astrinden dieser in der Provinz Loxa einheimischen, baumartigen Cinchone, die bis jetzt noch nicht sicher von verwandten Arten unterschieden ist. Röhren aussen aschgrau, stellenweise schwärzlich, fein-querrissig und längsrunzlich, bei dickeren Rinden etwas derber, innen zimmtbraun, im Bruch meist grobsplittrig. Querschnitt: Ein dunkler Harzring unter dem Periderm; Mittelrinde zimmtbraun; Bastzellen oder Bastbündel in Reihen.

Diese Rinde kommt als Loxa-China in den Handel. Nach *Pavon* stammen Cascar. amarilla fina del Rey, la colorada fina del Rey und la crespilla negra von Varietäten derselben Art. Zu dieser Art würde ich Quinq. de Loxa gris fin negrilla *Dl. & B.* nach dem Präparat von *Phoebus* ziehen, obgleich nur geringe Reste von Bastzellen vorhanden sind: C. lucumaefolia *Pav.*, wohin *Phoebus* die Rinde bringt, bildet sehr früh Borke, ist sehr reich an Steinzellen und weicht auch in den Bastbündeln ab. Ferner gehört gewiss auch Quinq. gris roulé *Dl. & B.*, die *Phoebus* von Cinch. Pelalba ableitet, zur obigen Art: wenigstens weichen die Exemplare der Cinch. Pelalba in *Pavon*'s Sammlung im anatomischen Bau ab. Was die 3 oben erwähnten Varietäten anbelangt, deren anatom. Bau *Howard* in seiner Quinologie abgebildet hat, so zeigt die C. amarilla del Rey den Bau einer sehr jungen Casc. Critusinga, Casc. colorada del Rey den der C. micrantha und für C. crespilla negra hat *Howard* die Abbildung der Rinde von C. heterophylla *Pav.* gegeben, während er die dritte Var. C. crespilla bucna, Quina fina de Loja nennt, aber nicht abbildet.

Abbild. Taf. VI. Nr. 15.

Das Periderm ist braunroth. Die Mittelrinde ist dünn, besteht aus c. 20 Reihen dünnwandiger Zellen, ohne Steinzellen; Saftröhren fehlen. Die Markstrahlen des Bastes erweitern sich nach aussen keilförmig und ihre Zellen sind grösser als die des Bastparenchyms; die Bastzellen sind bei den noch ziemlich jungen Rinden nicht besonders dick ($^6/_8$), blassgelb, zuerst meist in Gruppen gestellt und entweder auch später noch zu radial gestreckten Bündeln vereinigt (vergl. die Abbild.) oder in Reihen unmittelbar an einander gerückt und nicht selten mit benachbarten zu einer kleineren Gruppe vereinigt; Stabzellen sind vorhanden.

Kurz vor dem Druck dieses Artikels erhalte ich von dem Hause *Gehe & Cp.* in Dresden huamaliesartige Stammrinden dieser Spezies unter dem Namen „flache Guayaquilrinde" und schalte daher noch die Beschreibung derselben ein. Sie sind ziemlich flach oder wenig rinnenförmig, bis 1½' lang, bis 2" breit und bis 3'" dick, aussen ziemlich eben, schwach längsfurchig, nicht tiefrissig, mit kleinen Korkwarzen und einem weichen Kork bedeckt, der stellenweise eine gelblichweisse, überwiegend jedoch braune, selbst schwarzbraune Farbe hat; wo der Kork abgerieben ist, tritt die gelb zimmtfarbene Mittelrinde hervor, innen ist sie gelblich-zimmtfarben, auf der Unterfläche eben, gestreift, im Bruch ziemlich lang- und grobsplittrig; auf dem Querschnitt zeichnet sie sich durch einen dunklen, breiten Harzring unter dem Kork aus.

Der Kork ist schlaff, farblos. Die Mittelrinde besteht aus 20—25 Reihen tangential gestreckter Zellen, von denen die äusseren sehr zusammengefallen sind; Steinzellen und Saftröhren fehlen. Der Bast enthält in der äusseren Region sehr vereinzelte kleine Gruppen von Bastzellen und dazwischen auch vereinzelte Bastzellen ($^6/_5 — ^8/_6$); in der mittleren grössere, immer noch von einander entfernte, aus 2—3 radialen, sehr genäherten Zellenreihen, aber auch aus Einzelreihen gebildete Gruppen: in der innersten Region nimmt die Zahl der Bastzellen bedeutend zu und diese bilden auch seitlich sehr genäherte Einzel- und Doppelreihen und hier und da Gruppen, die aus 3—4 Reihen gebildet sind.

4. Saftröhren fehlend, Steinzellen vorhanden.

31. Cort. Cinchonae microphyllae *Pav.*, Cascarilla crespilla con hojas de Roble *Pav.* Die Rinde dieser in der Provinz Loxa vorkommenden, c. 16′ hohen, baumartigen Cinchone liegt nur in Aststründen vor und ist denen der C. lucumaefolia und C. stupea *Pav.* ähnlich. Zu derselben gehört eine Art von Casc. hojas de Zamba *How.*, nec *Pav.* und die Rinde der C. suberosa *How.*, beide in unserer Sammlung.

Abbild. Taf. IX. Nr. 24.

Sie bildet schon früh Borke. Die Mittelrinde, wo sie noch vorhanden ist, besteht aus dünnwandigen Zellen, zwischen denen sich nicht so reichlich Steinzellen vorfinden, wie bei der C. lucumaefolia und C. stupea, zuweilen fehlen diese fast ganz; Saftröhren sind nicht vorhanden. Die Markstrahlen sind nach vorn keilförmig erweitert und ihre Zellen grösser als die des Bastparenchyms; die Baststrahlen sind schmal; die Bastzellen sind ziemlich dick ($^{10}/_7$), nach aussen zu langen, schmalen, radialen Strängen zusammengestellt, nach innen in Gruppen und Reihen vereinigt.

In diese Gruppe gehören ferner eine Varietät der C. lancifolia und die noch nicht sicher bestimmte C. cordifolia var. rotundifolia.

C. Bastzellen in tangentialen Reihen oder auch in Gruppen.

1. Saftröhren fehlend, Steinzellen vorhanden.

32. Cort. Cinchonae macrocalycis *Pav.*, Cort. Cinchonae de hoja redonda, cavae, Quina amarilla de Loxa, Cascarilla de Cuenca *Parou.* Es liegen in der Sammlung nur Röhren vor des in Quito einheimischen, c. 18′ hohen Baums. Die Röhren sind bis 1‴ dick und 6‴ im Durchmesser, gefurcht, zart- und abgebrochen querrissig, aussen graubraun, stellenweise aschgrau oder schwärzlich, innen zimmtfarben, im Bruch grobsplittrig. Querschnitt: Mittelrinde dünn, dunkel; Bast mit radial verlaufenden Bastbündeln.

Sie kommt besonders häufig als Loxarinde in den Handel; hierher gehören auch die von *Warszewicz* als C. ovata bestimmten Aeste des Berliner Herbar. Nach den Präparaten von *Phoebus* würde ich auch die Quinquina Jaën *Dl. & B.* zu dieser Art bringen, die dann freilich eine an Steinzellen sehr reiche Form darstellt.

Abbild. Taf. III. Nr. 6.

Das Periderm ist ziemlich dick, aussen farblos, innen rothbraun. Die Mittelrinde besteht aus 20—25 Reihen dünnwandiger Zellen, zwischen denen sich bald reichlicher bald ärmlicher dickwandige Saftzellen finden, die keine zusammenhängende Schicht bilden, auch nicht in dem äusseren Bast vorhanden sind; Saftröhren fehlen. Die grossen Markstrahlen sind nach vorn keilförmig erweitert, die kleinen einreihig, mit grossen, tangential verbreiterten Zellen; die Baststränge sind kleinzellig, mit umfangreichen, tangential geordneten Bastbündeln; Bastzellen auf dem Querschnitt meist sehr radial gestreckt ($^{12}/_8$), blassgelb.

33. Cort. Cinchonae lucumaefoliae *Pav.*, Cascarilla con hojas de Lucuma *Pav.* In *Pavon*'s Sammlung sind nur Astrinden des in der Provinz Loxa vorkommenden, c. 24′ hohen Baumes vorhanden. Röhren c. ⅜′″ dick, mit spröder, tief querrissiger, an den Rändern aufgeworfener und längsfurchiger, aussen graubrauner, stellenweise braunschwarzer Borke, innen dunkel zimmtbraun, im Bruch lang- und grobsplittrig. Querschnitt: Borke dunkelbraun; Bast innen mit dunklen Bastbündeln. — Eine Varietät derselben findet sich in *Pavon*'s Sammlung in 2′″ dicken Halbröhren, diese sind mit einem dünnen, weichen, blass bräunlich-weissen, schwach runzligen, sich abschülfernden Kork bedeckt, wo dieser fehlt, eben, dunkel zimmtfarben, stellenweise mit Borke bedeckt.

Astrinden dieser Art sind in der *Pavon*'schen Sammlung nicht nur unter der oben gegebenen Benennung vorhanden, sondern auch unter der Bezeichnung „Parece cortex ese con el no. 42 (C. C. lanceolatae) de mi casa, Quina parece de Calysaya cortex ese." Von *Howard* finden sich in unserer Sammlung verschiedene dieser Art zugeschriebene Rinden, die nach ihrem anatomischen Bau nicht darauf bezogen werden können. Seine Calisaya von St. Fé gehört zu Cinch. lancifolia, seine C. lucumaefolia var. rubra aus Peru ist gemischt und theils eine der C. lancifolia nahe stehende Art, die auch als eine der verschiedenen Wittsteinrinden ausgegeben ist, theils C. amygdalifolia; dass letztere von *H. Schacht* in der *Klotzsch-Schacht*'schen Abhandlung über die rothe China untersucht und in den Fig. 7—10 irrthümlich als C. lucumaefolia abgebildet ist, habe ich schon oben bei der China rubra weitläufiger besprochen. In der Sammlung finden sich ferner grosse, bis 9′″ dicke, borkige Exemplare einer Rinde, die als „Bark of C. lucumaefolia from Peru, *Howard*" bezeichnet ist. Nach dem inneren Bau gehören diese nicht zu *Pavon*'s Hauptart, könnten aber vielleicht weiter ausgewachsene Rinden der Varietät sein, obgleich die Bastzellen in Doppel- und Einzelreihen von 12—18 Zellen ohne Unterbrechung vor einander stehen, dazwischen auch vereinzelt und diese Anordnung mehr der C. microphylla zukommt, welche dagegen nur spärlich Steinzellen in der Mittelrinde enthält. — Dass Quinq. Loxa gris fin negrilla *Dl. & B.* nicht hierher, sondern zu *C. Chahuarguera P.* gehört, ist dort schon erwähnt.

Abbild. Taf. IX. Nr. 25. — *Howard* Quinol. Fig. 8.

Die Borke enthält zwischen den grauen Peridermschichten noch reichlich dickwandige Saftzellen. Die Mittelrinde besteht überwiegend aus diesen Saftzellen, die sich auch in dem äusseren Theil der Markstrahlen und dort bedeutend tangential gestreckt finden; Safträhren fehlen. Die Markstrahlen sind keilförmig erweitert. Die Bastzellen (⅔) sind braun orange, aber wenn die Rinde längere Zeit mit Aetzlauge ausgezogen war, auch wohl gelb. gegen die Mittelrinde mehr vereinzelt, nach innen in Gruppen, auch vereinzelt, oft in tangentialer Anordnung; Stabzellen sind nicht vorhanden. In der Rinde der *Pavon*'schen Varietät sind meist die Gruppen aufgelöst zu dichten tangentialen Reihen.

34. Cort. Cinchonae stupeae *Pav.*. Cascarilla estoposa de Loxa *Pav.* Die Rinde des in der Provinz Loxa vorkommenden, bis 24′ hohen Baumes unterscheidet sich weder in der äusseren Beschaffenheit noch im anatomischen Bau von der vorigen. Bei dem *Pavon*'schen Exemplar sind die Gruppen mehr kurz unterbrochene Einzel- und Doppelreihen von Bastzellen, daher sehr genäherte, nicht sehr reichzellige Gruppen; bei den *Howard*'schen Exemplaren kommen auch dreireihige, überhaupt umfangreichere Gruppen vor.

Die von *Howard* als zu Cinch. lanceolata gehörig bestimmte Rinde gehört zu C. stupea.
Abbild. *Howard* Quinol. Fig. 16.

2. *Saftröhren vorhanden. Steinzellen fehlend oder fast fehlend.*

35. Cort. Cinchonae luteae *Pav.*, Cascarilla amarilla de Iuta *Pav.* Die Rinde dieses in Quito einheimischen, bis 80' hohen Baums liegt nur in Astrinden vor. Es sind Röhren oder flache Stücke, 1—1½''' dick, hart, aussen glatt oder schwach runzlig, zuweilen mit dicken Korkauswüchsen, gelblichweiss, innen gelbzimmtfarben und im Bruch kurz- und grobsplittrig. Querschnitt: Kork gelblichweiss; Mittelrinde dünn, durch eine dunklere, aus den zusammengetrockneten Saftröhren entstandene Linie vom Bast getrennt, dieser mit dicken, ziemlich radial, mehr tangential geordneten Bastzellen.

Von dieser Art stammt die Sorte der China flava dura, welche ich zum Unterschiede von der anderen von C. cordifolia herstammenden, schon oben Nr. 3 beschriebenen Rinde „suberosa" genannt habe. Auch diese Rinde hat eben so wenig wie jene irgend einen Bezug auf C. lancifolia, von der *Karsten* die fasrigen und harten gelben Chinarinden ableitet. Ob diese Rinde zu der echten C. pubescens *Vahl* gehört, kann ich ohne die Originalpflanze nicht entscheiden; von C. Pelletiereana, die bekanntlich *Weddell* als Hauptvarietät der C. pubescens betrachtet, ist sie nach den von *Howard* übermittelten Rindenexemplaren im Bau wesentlich verschieden; von der anderen Varietät „purpurea", die gewiss nicht identisch sein kann mit der C. purpurea *Rz. & P.*, stand mir keine Rinde zur Untersuchung zu Gebote. Hierher gehört auch die von *Warszewicz* mit den Aesten gesammelte C. pubescens des Berliner Herbar; eben so eine Rinde, die unter der Bezeichnung „Wittstein's Bark" von *Howard* herrührt, während die meisten Exemplare dieser Sorte zu C. lancifolia gehören. Zu dieser Art würde ich nach den Präparaten von *Phoebus* auch Quinq. jaune de Cuzco *Dl. & B.* rechnen, doch ist es immer sehr misslich, nach einem einzelnen Präparat bestimmen zu wollen; diese Rinde ist frei von Steinzellen, dagegen mit Saftröhren versehen und hat grosse Bastzellen.

Abbildung Taf. VII. Nr. 19.

Der Kork besteht aus farblosen und braun gefärbten Schichten. Die Mittelrinde zeigt 20—25 Reihen dünnwandiger, tangentialgestreckter Zellen, ohne oder fast ohne Steinzellen, ohne Krystallzellen: die Saftzellen sind sehr eng. Die grossen Markstrahlen des Bastes sind nach vorn meist keilförmig verbreitert, die kleinen dagegen undeutlich; die Baststrahlen enthalten reichliches Füllgewebe, dessen Zellen nicht auffallend kleiner sind als die der Markstrahlen; die Bastzellen sind dick ($^{13}/_{15}$) goldgelb bis orangegelb, ungleich und tangential geordnet, oft gruppenförmig vereinigt, fast abwechselnd dicker, kürzer, steinzellenartig und dünner, mehr verlängert, in dem jüngsten Theil des Bastes spärlich, vereinzelt und noch dünner und länger.

36. Cort. Cinchonae decurrentifoliae (exc. var.) *Pav.*, Cascarilla crespilla ahumada de Loxa *Pav.* In der Sammlung finden sich nur Astrinden des in der Provinz Loxa vorkommenden, bis 30' hohen Baums. Die Art ist nach der Abbildung in *Howard's* Quinologie wesentlich von C. lutea verschieden, dennoch ist in der äusseren Beschaffenheit wie im inneren Bau der Rinden beider Arten unserer Sammlung (vorausgesetzt, dass in der Aufbewahrung kein Versehen stattgefunden hat) auch nicht der geringste wesentliche Unterschied aufzufinden.

37. Cort. Cinchonae Palton *Pav.*, Cascarilla con hojas de Palton *Pav.* Es finden sich in unserer Sammlung nur Astrinden des in der Provinz Loxa vorkommenden, 24' hohen und höheren Baums. Die Röhren sind aussen grau oder gelblich grau, stellenweise milchweiss, auch schwarz, runzlig, später querrissig, mit entferntstehenden, nicht herumreichenden Rissen, innen gelb-zimmtfarben und auf dem Bruch kurz- und ziemlich grobsplittrig. Querschnitt: Mittelrinde ziemlich dick, durch eine dunklere von den Saftröhren gebildete Linie vom Bast getrennt; dieser mit Bastbündeln.

Die Rinde findet sich zuweilen der Loxa-China beigemengt, auch unter China flava dura; mit Quinq. rouge de Mutis *Dl. & B.*, von der sie *Phoebus* frageweise ableitet, hat sie keine Verwandtschaft.

Abbild. Taf. VII. Nr. 18, *Howard* Quinol. Fig. 22.

Der Kork ist ziemlich dick, farblos. Die Mittelrinde besteht aus 30—35 Zellenreihen mit vielen dickwandigen Saftzellen, die nach aussen mehr gedrängt stehen; die Saftröhren sind eng, etwa von dem Umfange der benachbarten Zellen. Die keilförmig nach vorn erweiterten Markstrahlen enthalten hier tangential gestreckte Zellen, die auch in dem schmaleren Theil grösser sind als die häufig ein Krystallmehl führenden Zellen des Bastparenchyms. Die Bastzellen ($^{10}/_6$) sind zitrongelb, im vorderen Theil des Bastes dünn und sehr vereinzelt, nach innen dicker und in Gruppen.

Wegen tangentialer Anordnung der Bastzellen ist für diese Gruppe auch C. Uritusinga zu erwähnen.

In diese Gruppe gehört auch die Rinde von C. Pahudiana *How.*, wenn diese wirklich eine besondere Art ist. Mir ist sie nur im anatomischen Bau aus der Abbildung von *Howard*, in der Quinologie als Cascarilla crespilla Chica Fig. 23 und 24 dargestellt, und nach den Präparaten von *Phoebus* bekannt. Die Mittelrinde scheint gar keine oder nur sehr vereinzelte Steinzellen zu enthalten; Saftröhren sind nach *Howard's* Abbildung vorhanden, jedoch nach *Phoebus'* Exemplar nicht erkennbar. Der Bast ist sehr reich an Bastzellen, besonders in seinem inneren Theile. Die Bastzellen ($,^{10}/_{\text{o}}$) stehen zuerst in Einzel-, auch Doppelreihen, drängen sich nach innen mehr zusammen, sind seitlich sehr genähert und nicht selten zu Gruppen vereinigt, die nahe dem Kambium mehrere deutlich tangentiale Zonen erkennen lassen. Hierdurch tritt sie der C. Uritusinga sehr nahe, zu der sie vielleicht auch gehören mag, denn von C. lutea scheint sie mir hinlänglich verschieden. Eine eingehende Beschreibung dieser Rinde haben wir von *Phoebus* zu erwarten, der im Besitz umfangreicheren Materials auch wohl seine Ansicht über die Art aussprechen wird. Denn es ist wunderbar, dass wir mit dieser aus Peru stammenden Art zuerst aus den in Java kultivierten Exemplaren bekannt werden.

3. Saftröhren und Steinzellen vorhanden.

38. Cort. Cinchonae Pelletiereanae *Wedd.*, Cort. Cinchonae viridiflorae *Pav.*, Cascarilla Cocharilla *Pav.* In *Pavon's* Sammlung finden sich nur jüngere Astrinden des bei Chinchao und Cuchero in Peru vorkommenden, etwa 36′ hohen Baumes der C. viridiflora, durch *Howard* sind noch Röhren und flache Stücke der C. Pelletiereana, die *Weddell* jetzt bekanntlich als Varietät der C. pubescens *Vahl* betrachtet, hinzugekommen. Es ist kein wesentlicher Unterschied zwischen beiden vorhanden, so dass ich sie wenigstens der Rinde nach vereinige. Röhren aussen eben oder fast eben, zuerst mit einem weisslichen, bunt gezeichneten Periderm, später stellenweise mit dünnen, gelblichweissen, weichen Korkschuppen bedeckt, wo diese fehlen, dunkler zimmtfarben, mit flachen abgeschabten Korkwarzen oder statt dieser mit kleinen Löchern versehen, innen zimmtfarben, unterseits grobstreifig, im Bruch nach innen grobsplittrig. Flache Stücke kommen bis 6‴ dick vor, sind aussen sehr uneben, mit dicken, markigen Borkeschuppen oder Borkegruben versehen, sonst wie die Röhren. Querschnitt: Mittelrinde ziemlich dick, durch einen Kreis von Saftröhren vom Bast getrennt oder schon durch Borke ersetzt; Bast mit hornartigen, nach innen tangential geordneten Bastzellengruppen.

Quinquina jaune de Cuzco *Dl. & B.*, welche *Phoebus* zu Cinch. pubescens var. Pelletiereana *Wedd.* bringt, steht nach dem mir zugänglichen Präparat von *Phoebus*, dessen Schnittfläche nicht ganz horizontal geführt zu sein scheint und daher weit breitere Bastzellen zeigt als natürlich ist, in den Bastzellen und durch den Mangel der Steinzellen mehr der C. lutea nahe als der C. Pelletiereana.

Abbild. Taf. VIII. Nr. 21. Taf. IX. Nr. 26.

Die Rinde ist zuerst mit einem Kork bedeckt und bildet später Borke, welche zwischen den Peridermschichten abgestorbene Rinde mit reichlichen, gut erhaltenen, dickwandigen Saftzellen enthält. Die Mittelrinde (bei jüngeren Rinden) ist dick, aus c. 50 Zellenreihen gebildet; die zahlreichen Stein- oder Saftzellen in derselben sind nicht grösser als die dünnwandigen Zellen derselben Schicht und finden sich auch in dem äusseren Theil der Markstrahlen. Die Saftröhren kommen in derselben Rinde weiter oder enger, entfernter oder näher, stellenweise in 2 Reihen stehend vor und sind zuweilen durch endogene Zellenbildung ausgefüllt. Der auch bei jüngeren Rinden dicke Bast besteht aus 1—3reihigen, vorn wenig verbreiterten Markstrahlen und breiten, aus Bastparenchym, Bastzellen und Stabzellen zusammengesetzten Baststrahlen. Die Bastparenchymzellen sind wenig kleiner als die der Markstrahlen. Die Bastzellen sind sehr dick ($^{22}/_{10}$), haben eine orangerothe Farbe, stehen vereinzelt und in Gruppen, ziemlich deutlich tangential geordnet und sind ungleich dick; die dickeren sind kurz-bauchig, lang zugespitzt auslaufend; die Stabzellen sind dünn, mit deutlichem Lumen versehen, an beiden Enden flach. — Die Abbildung, Taf. VIII. Nr. 21, giebt, da der Raum nicht ausreichte, nur mit den äusseren Rindenschichten den äusseren Theil des Bastes, dagegen die der Tafel IX. Nr. 26.B. den inneren Theil desselben, der hinlänglich den typischen Charakter ausdrückt.

Von den echten Chinarinden *Dls. & Bs.* sind mir nach den hier nicht ausreichenden Präparaten von *Phoebus* ganz unbestimmbar: Quinq. jaune de Guayaquil. Die Mittelrinde enthält weder Steinzellen noch Saftröhren, Bastzellen sind kaum erhalten. Sie könnte immerhin C. coccinea sein, wohin sie *Phoebus* bringt.

Quinq. Carabaya roulé avec épid. soll nach *Phoebus* wie die Q. Carabaya plat. sans épid. (C. Condaminea) zu C. ovata var. rufinervis *Wedd.* gehören.

Die oben angeführten und in Bezug auf ihre Rinde beschriebenen Cinchonen erschöpfen noch keineswegs die überhaupt bekannten Arten dieser Gattung, sondern es sind aus Bolivia und Peru von *Weddell*, *Lechler*, aus Granada von *Karsten* selbstständige Arten veröffentlicht, die im Bau der Rinde noch ganz unbekannt sind. Ebenso finden sich zumal bei den geringeren Handelsrinden immer einige Rinden, die sich nach dem anatomischen Bau noch nicht unterbringen lassen, die also von solchen in Bezug auf die Rinde noch unbekannten Cinchonen herstammen. Es ist daher nicht nothwendig, dass jede Chinarinde nach der unten folgenden Tabelle bestimmt werden kann, dennoch ist der Nutzen derselben ein wesentlicher, indem von den gewöhnlich vorkommenden Handelsrinden die Stammarten sämmtlich repräsentiert sind.

§ 14.

II. Unechte Chinarinden,
von Arten aus der Tribus der Cinchonaceen, mit Ausnahme der Gattung Cinchona, abstammend.

Steinzellen und Saftröhren in der Mittelrinde meist vorhanden; Bastbündel häufig durch Steinzellengruppen ersetzt, oft nur im inneren Theil der Rinde vorhanden; Bastzellen dünn, auf dem Querschnitt gleichzeitig polygon, mit deutlichem Lumen und undeutlicheren Porenkanälen, in der Regel von blassgrünlicher Farbe.

A. Ladenbergiarinden. Mittelrinde reich an Steinzellen, durch 1—2 Reihen Saftröhren vom Bast getrennt; Bast im äusseren Theil aus ziemlich ununterbrochen und radial verlaufenden oder nach innen fehlrig gesonderten Gruppen von Bastzellen, die zuweilen gegen die Mittelrinde durch Steinzellengruppen oder Steinzellenstränge ersetzt sind; Bastzellen gewöhnlich durch Stabzellen vertreten, zuweilen grünlich gelb.

1. Cort. Ladenbergiae magnifoliae *Kl.*, China nova, Quina roja Mut.

In *Pavon's* Rindensammlung finden sich 3 Nummern von Rinden, die zwar im allgemeinen Bau übereinstimmen, dennoch wieder solche Abweichungen zeigen, dass sie theilweise wohl selbständigen Arten angehören:

a. **Cort. Cinchonae magnifoliae** *Pav.*, Cascarilla flor de Azahar, Peru *Pav.* Rinnenförmige, 2—3 mm. dicke Rindenstücke, aussen schwach gefurcht, mehr oder weniger warzig, mit blassbraunen, stellenweise milchweissem Periderm, wo dieses fehlt, heller oder dunkler kastanienbraun, innen und auf der Unterfläche zimmtfarben, hier eben, kurz- und weiss-gestrichelt; Bruch nach aussen korkig, mit tangentialer Streifung, nach innen fasrig. Querschnitt: Periderm deutlich, innen zimmtbraun; Mittelrinde etwas dünner als der Bast, von diesem durch einen Kreis weiter Saftröhren getrennt, (durch Steinzellen) punktiert; Bast undeutlich strahlig-gestreift.

Abbild. Tafel X. No. 27. — *Howard* Quin. Fig. 17.

Das Periderm besteht aus zahlreichen Reihen dünnwandiger, tafelförmiger, brauner Korkzellen. Die Mittelrinde ist ein Parenchym, welches überwiegend getüpfelte, noch mit einem grossen Lumen versehene Stein- oder Saftzellen einschliesst, und dessen Zellen wenige kleine Stärkekörner oder, zumal unmittelbar unter dem Kork, einen braunrothen Farbstoff enthalten. Die Steinzellen erscheinen auf dem Querschnitt quer oval oder und zuweilen sehr breit tangential gestreckt, auf dem Längsschnitt rundlich und nur selten und vereinzelt vertikal gestreckt. Die Saftröhren sind ziemlich genähert, im Querschnitt queroval und 3—6mal breiter als die umgebenden Zellen. Der Bast besteht aus 2 Lagen: die äussere etwas dickere enthält reichliche, zu radialen Strängen vereinigte Bastzellen und im äusseren Theil auch tangential gestreckte Steinzellen; die innere ist überwiegend Bastparenchym, dessen vertikal gestreckte Zellen häufig, zumal zu beiden Seiten der Markstrahlen, ein Krystallmehl enthalten, die spärlichen Bastzellen stehen zerstreut, Steinzellen fehlen. Die Markstrahlen erweitern sich in der äusseren Bastschicht häufig keilförmig, indem sich ihre Zellen, die in der inneren Schicht radial gestreckt sind, allmählich tangential ausdehnen; auf dem Längsschnitt sind diese horizontal gestreckt und bilden ein straff mauerförmiges Gewebe, nach aussen werden sie schlaffer. Die Bastzellen sind eigentlich nur stabförmige Steinzellen, indem sie meist stumpf oder in der äusseren Region sogar platt enden; nach innen werden sie allmählich länger, die der inneren Bastregion sind sehr verlängert.

b. **Cort. Cinchonae magnifoliae variet.** *Pav.*, Cascarilla Margarita de Loxa *Pav.* Diese Rinde unterscheidet sich von der vorigen, zu der sie in der That als Varietät gehört, nur durch ein gelblichweisses Periderm, welches sich leichter von der dann mit schwarzbrauner Farbe hervortretenden Mittelrinde trennt, und durch einen dunkleren Bast. — Im anatomischen Bau kommt sie völlig mit der Rinde der Hauptart überein, nur zeigen sich die Bastzellen in der inneren Bastregion etwas häufiger.

Diese Rinde findet sich als China nova im Handel.

c. **Cort. Cinchonae magnifoliae variet.** *Pav.*, Cort. Cascarillae (Ladenbergiae) Riveroanae *Wedd.*, Cascarilla Azahar hembra et macho *Pav.* Diese Rinde ist der vorigen äusserlich ähnlich, aber leicht durch das aschgraue, zart querrissige und breitere, jedoch nur oberflächlich querfurchige Periderm zu unterscheiden, und gehört nach dem anatomischen Bau zu einer selbständigen Art.

Das Periderm besteht aus quadratischen, dickwandigen, gelben, mit braunrothem Inhalt versehenen Zellen. Die Mittelrinde ist ein dünnwandiges Parenchym, in welchem Steinzellen nur nahe dem Periderm gedrängter, im übrigen Theil spärlich und vereinzelt stehen. Die Saftröhren sind sehr eng. Der Bast, im allgemeinen Bau dem vorigen ähnlich, hat breiter keilförmig auslaufende Markstrahlen und fast zusammenhängend aus Bastzellen bestehende Bastbündel.

2. Cort. Ladenbergiae acutifoliae *Kl.*, Cascarilla con hoja aguda *Pav.* — Röhren oder Halbröhren bis 2''' dick, aussen zart querrissig und längsrunzlig, später mit kleinen Borkeschuppen besetzt, graubraun, stellenweise milchweiss, innen zimmtfarben, im Bruch nach innen fasrig. Querschnitt: Kork dunkelbraun; Mittelrinde hell zimmtbraun, tangential gestrichelt; Bast dunkelbraun, mit blasseren Markstrahlen.

Der Kork ist durch den Inhalt seiner Zellen rothbraun gefärbt; in der Borke dagegen finden sich nicht selten farblose Lagen. Die Mittelrinde besteht überwiegend aus auf dem Querschnitt tangential gestreckten, auf dem Längsschnitt rundlich-polyedrischen Steinzellen, zwischen denen dünnwandige, mit braunrothem Inhalt versehene Zellen vorkommen; gewöhnlich sind die Steinzellen, welche in der Richtung der Baststrahlen liegen, weniger gestreckt. Die Saftröhren sind ziemlich weit und gehen im Alter verloren. Der Bast besteht bei älteren Rinden aus schmalen, dichten, 1—4 reihigen, ununterbrochen fortlaufenden Baststrängen und 1—2-reihigen, nach vorn sich allmählich verbreiternden Markstrahlen und zeigt auf dem Querschnitt grosse Aehnlichkeit mit dem der Nauclea Cinchonae (Taf. X., Nr. 28, Fig. A.), wenn die konzentrischen Bastparenchymlagen und die dadurch hervorgebrachte Unterbrechung der Baststrahlen fortgedacht werden; auf dem tangentialen Längsschnitt zeigt er nicht die netzförmige Verschlingung der Bastbündel dieser Rinde. Die Bastzellen sind sehr lang, dünn, grünlichgelblich, auf dem Querschnitt quadratisch oder etwas tangential gestreckt, zwar dickwandig, aber mit deutlichem Lumen und Porenkanälen versehen und enden zuweilen ziemlich stumpf. Die Markstrahlenzellen sind nach innen radial gestreckt, verbreitern sich allmählich, werden quadratisch, zuletzt nach vorn tangential gestreckt und endlich durch Bildung von Tochterzellen getheilt, in diesem Theil kommen auch Steinzellen vor; auf dem radialen Längsschnitt bilden sie ein schlaff mauerförmiges Gewebe. — Bei jüngeren Rinden stehen die Bastzellen nur in dem vorderen Theile des Bastes gedrängt, im inneren innerhalb des vorwaltenden Bastparenchyms vereinzelt.

3. Cort. Ladenbergiae Moritzianae *Kl.*, Rinnenförmige, 3—9''' dicke Rindenstücke, mit einer durch tiefe Querrisse und Längsfurchen ziemlich klein gefelderten, aussen grauen Borke, die später dicke, rechteckige oder kubische Borkeschuppen bildet, unter der Borke schwarzbraun, innen und auf der Unterfläche zimmtbraun, hier gestreift; auf dem Bruch nach innen grob- und langfasrig. Querschnitt: Borke rothbraun, durch schmalere, schwarzbraune Lagen geschichtet; Mittelrinde in tangentialer Richtung heller und dunkler gestreift, mit einem weitläufigen Ringe von Saftröhren, bei älteren Rinden fehlend; Bast eng- und zart-radialgestreift.

Die jüngeren Rinden sind von einem dicken, schwarzbraunen, spröden Periderm bedeckt, welches bei älteren durch Borke ersetzt wird; diese besteht aus dicken Lagen von rothbraunem abgestorbenen Rindenparenchym, durchschnitten von dünneren, schwarzbraunen Peridermschichten. Die Mittelrinde, wo sie noch vorhanden ist, besteht aus einem stärkehaltigen Parenchym, dessen Zellen zumal gegen das Periderm, aber auch im Innern und dann meist in schmalen tangentialen Reihen einen braunrothen, in Aetzlauge löslichen Inhalt haben; abwechselnd mit diesen Lagen finden sich dickere Schichten farbloser Zellen, zwischen denen bedeutend tangential gestreckte Steinzellen vorkommen. Die Saftröhren sind ziemlich weit und genähert. Der Bast besteht aus abwechselnden Bast- und Markstrahlen; die Baststrahlen enthalten überwiegend zu radialen Strängen vereinigte Bastzellen, die den Raum zwischen den Markstrahlen ausfüllen und nur seitlich durch 1—2 Reihen mit rothem Inhalt erfüllter Bastparenchymzellen getrennt sind; die Bastzellen sind dünn, sehr verlängert, grünlichgelblich, dickwandig, mit deutlichem Lumen und Porenkanälen versehen. Die Markstrahlen erweitern sich nach vorn bedeutend und enthalten dort Steinzellen.

4. Cort. Ladenbergiae coriaceae Kl. Flache, harte Rindenstücke, bis 3''' dick, aussen uneben, schmutzig weiss oder stellenweise braunschwarz, innen braun, ziemlich holzig; Bruchfläche innen kurzsplittrig. Querschnitt: Kork schmutzigweiss; Mittelrinde rothbraun, mit tangential gestreckten, weisslichen, hornartigen Steinzellengruppen; Bast durch hellere Markstrahlen radial gestreift und mit Baststrahlen, die weissliche, hornartige Stränge enthalten.

Der Kork ist dick, fast farblos. Die dicke Mittelrinde besteht aus einem durch braunrothen Inhalt gefärbten Parenchym, in welchem derbe, zitrongelbe Steinzellengruppen vorkommen; das Parenchym ist aus dick- und dünnwandigen Zellen zusammengesetzt, die Steinzellen sind auf dem Querschnitt stark tangential-gestreckt, auf dem Längsschnitt rundlich-polyedrisch. Ein Kreis grosser Saftröhren trennt die Mittelrinde vom Bast. Der Bast ist von 1—5-reihigen, nach vorn keilförmig erweiterten Markstrahlen durchschnitten, die in diesem Theil gleichfalls Steinzellengruppen enthalten. Die Baststrahlen bestehen überwiegend aus zitrongelben, hier und da von Bastzellen unterbrochenen Steinzellengruppen, die von schmalen Schichten Bastparenchym durchschnitten sind; die innerste Region des Bastes ist vorwaltend Bastparenchym und enthält sehr vereinzelte Bastzellen. Die Steinzellen im Bast sind bedeutend in die Länge gestreckt, an beiden Enden platt.

5. Cort. Ladenbergiae (?) macrocarpae Kl., Quina blanca *Mutis*. Sie liegt in ziemlich flachen, 1—5''' dicken, harten Rindenstücken vor; diese sind mit einem aussen gelblichweissen, innen rothbraunen Periderm bedeckt oder durch Abschaben grossentheils von demselben befreit und dann porös, körnig, blassbraun, innen und auf der Unterfläche hellbraun, hier ziemlich eben, grob gestreift, auf dem Bruch uneben, körnig, nicht fasrig. Querschnittfläche bräunlichweiss, durch radial geordnete, sehr genäherte, hornartige Steinzellengruppen gefeldert.

Ueber die echte Quina blanca *Mutis* ist unsere Kenntniss noch etwas unsicher. Die Rinden, die in den Sammlungen unter diesem Namen vorkommen, sind unter sich meist so verschieden, dass sie entschieden selbständigen Arten zukommen. Auf unserer Sammlung finden sich 4 Nummern unter dieser Bezeichnung: 1) aus *Pavon's* Sammlung mehre c. 3 mm. dicke Rindenstücke unter der Signatur „Chinchona ovalifolia *Mut.*, Quina blanca de St. Fé *Mut.*, Chinchona macrocarpa *Vahl* etc.; 2) aus derselben Sammlung ein Exemplar, bezeichnet Cchinchona magnifolra, Cascarilla del Nagenal de Loxa; 3) ein etwa 43 mm. starkes, mit $^3/_4$ mm. dicker Rinde versehenes Aststück als Quina blanca *Mut.* von *Karsten*, bei St. Fé gesammelt; 4) jüngere und ältere Rindenstücke der Quina blanca *Mut.* von *Howard* mitgetheilt; 5) kommt noch die Quinquina blanc *Dl. & B.* in Betracht, von der nur Präparate von *Phoebus* vorliegen. No. 1 und 4 stimmen im anatomischen Bau abgesehen von der Entwicklungsstufe ziemlich überein, müssen nach *Pavon's* Originalexemplaren für die echte Rinde angesehen werden und sind daher oben als solche diagnosiert. Auch die im Königl. Herbar aufbewahrten *Humboldt'schen* Fruchtexemplare der Quina blanca zeigen einen sich an die dünneren Rinden von No. 4 anschliessenden Bau. Doch gewähren solche jungen Exemplare nur geringen Anhalt für ältere Zustände, da nur die Mittelrinde vollständig, der Bast erst in seinen Anfängen angelegt ist. Ob sie einer selbständigen Gattung angehören, muss jetzt noch dahin gestellt bleiben. No. 2 ist zwar eine Ladenbergiarinde, aber von dem oben bestimmten Typus verschieden, sie wurde von *Karsten* in seinen „Medicinische Chinarinden" als die Rinde von Ladenbergia macrocarpa abgebildet. No. 3 ist noch zu jung und scheint zu Ladenb. magnifolia zu gehören. No. 5 ist die Rinde einer anderen Art von Ladenbergia.

1 et 4. Die jüngere Rinde hat ein helles, dünnwandiges Periderm; eine nicht sehr dicke Mittelrinde, aus dünnwandigem, mit derben, grünlichgelben Steinzellengruppen durchsetztem Parenchym, dessen Zellen wenig Stärke und braunrothen Saft enthalten. Die Saftröhren sind eng. Der Bast besteht aus abwechselnden, ziemlich breiten Lagen eines dünnwandigen, farblosen Bastparenchyms und derben, tangential gestreckten oder rundlichen, unter sich durch breite Markstrahlen getrennten Steinzellengruppen, die nach innen in Bastbündel übergehen; zuweilen enthalten vereinzelte Steinzellen der Mittelrinde und auch einige Zellen der dann bastzellenfreien innersten Lage des Bastes ein Krystallmehl. Bei alten Rindenstücken ist der Kork dicker, die Mittelrinde bereits abgeworfen und enthält der Bast weniger regelmässig geordnete, grössere, mehr abgerundete Steinzellengruppen, die nach innen mit kleinen Bastbündeln wechseln; die innerste, überwiegend aus einem durch Aetzlauge sich purpurroth färbenden Bastparenchym bestehende Bastlage enthält mit Ausschluss der Steinzellengruppen kleinere, 4seitig prismatische Bastbündel, die rings herum der ganzen Länge nach von kleinen, mit einem die Zelle fast ausfüllenden Krystall erfüllten Zellen umgeben wird.

2. **Cascarilla del Nagenal** *Pav.* Diese hat ziemlich den Bau der Rinde von Ladenbergia magnifolia, nur dass die Mittelrinde und der äusserste Theil der Markstrahlen Gruppen von lang tangential gestreckten, vor einander gestellten Steinzellen enthält und die innerste Bastlage in der Reichhaltigkeit der Bastzellen von der mittleren nicht verschieden ist.

5. **Quinquina blanc** *Dl. & B.*, von *Phoebus* l. c. p. 55 eingehend beschrieben, ist der nach Abwerfen der Borkeschuppen zurückgebliebene Bast und von den bekannten Ladenbergiarinden durch die fast ohne Bastparenchym die Baststrahlen zwischen den schmalen, 1—4reihigen, bis an das Periderm reichenden Markstrahlen ausfüllenden, mit deutlichem Lumen versehenen, blassgrünlichen Bastzellen verschieden.

8. **China bicolorata**, zuerst in m. Pharm. p. 177, später von *Phoebus* l. c. p. 59 beschrieben, erscheint von der Quinquina rouge pâle *Dl. & B.*, *Phoebus* l. c. p. 54 nicht wesentlich ver-

schieden, nur dass letztere einen jüngeren Zustand darstellt, in so fern noch eine dicke Mittelrinde vorhanden ist, deren lang tangential gestreckte Steinzellen hier und da ein Krystallmehl enthalten.

B. Lasionemarinden. Saftröhren fehlend; Steinzellen in Gruppen, dick, mit deutlichem Lumen und Porenkanälen, im Bast mehr stabförmig, zu Bastzellen übergehend, an den Enden platt, stumpf oder spitz, blass grünlich gelb.

1. Cort. Lasionematis rosei *Don.*, Cort. Cinchonae roseae *Rz. & P.*, Cascarilla Pardo *Rz.* Rinnenförmige, ½—1''' dicke Rindenstücke, von ochergelber Farbe, aussen mit einem ziemlich ebenen, helleren Kork oder durch Borkeschuppen längs- und querrissig, innen und auf der Unterfläche rothbräunlich oder braungelb, auf der Bruchfläche uneben.

Der Kork ist farblos. Die dicke Mittelrinde enthält vereinzelte Steinzellen und Steinzellengruppen, welche letztere auch auf dem Längsschnitt rundlich oder elliptisch erscheinen: die Steinzellen sind in der Grösse verschieden, völlig verholzt oder mit einem Lumen versehen. Der Bast besteht aus breiten Bast- und engen Markstrahlen; die Baststrahlen enthalten in dem braunen Bastparenchym zuerst tangentiale Reihen, dann Gruppen von Bastbündeln, die auf dem Längsschnitt sich als 1-2reihige Stränge von derben, mehr oder weniger verlängerten Steinzellen darstellen; die innerste aus wenigen Zellenreihen bestehende Schicht ist frei von Steinzellen.

2. Cort. Lasionematis Tarantaron, Cascarilla Tarantaron *Pav.* Die Rinde des in Quito vorkommenden, c. 40' hohen Baums findet sich in fast liniendicken Halbröhren vor, ist aussen mit einem weisslichen, längsrunzligen, später zart querrissigen Periderm bedeckt und, wo dieses fehlt, blass kakaobraun, innen von gleicher Farbe, im Bruch körnig.

Weddell zieht diese Art zu L. roseum, sie zeigt sich aber doch durch den anatomischen Bau der Rinde verschieden.

Kork wie oben. Mittelrinde sehr dünn, später fehlend. Bast auf dem Querschnitt aus unterbrochen tangentialen Reihen von Steinzellen, die durch ein braunes Bastparenchym getrennt sind; die innerste dicke Schicht ist steinzellenfrei. Auf dem Längsschnitt bilden die quadratischen Steinzellen einreihige Stränge.

3. Naucleariuden. Regelmässig tangential- und radial geordnete, verlängerte, der Länge nach in derselben Zone netzartig verflochtene Bastbündel, aus sehr langen, dünnen, an den Enden spitzen, grünlich gelblichen, auf dem Querschnitt quadratischen oder wenig tangential verbreiterten, dickwandigen, dennoch mit erkennbarem Lumen, so wie auch mit deutlichen Porenkanälen versehenen Bastzellen.

1. Cort. Naucleae Cinchonae *DC.*, Cort. Cinchonae globiferae *Pav.* Röhrenförmige, c. 3''' dicke, gerollte Rindenstücke, längsrissig, mit gelbbräunlichem Kork, innen und auf der Unterfläche dunkel zimmtbraun, hier eben, auf dem Bruch grob- und langfasrig, mit verflachten, seitlich zart ästigen Fasern. Querschnitt: Borke weich; Mittelrinde (bei jüngeren Rinden) ohne Saftröhren; Bast radial gestreift, aus dunkleren, klein quadratisch gefelderten, nach aussen unregelmässig gegen einander gebogenen Baststrahlen und helleren, nach aussen keilförmig verbreiterten, durch die Saftzellen harzig punktierten Markstrahlen.

Quinquina des iles de Lagos *Dl. & B.*, *Phoebus* l. c. p. 51, welche von einem afrikanischen Baum stammen soll, kommt im anatomischen Bau des Bastes mit genannter Art überein. — In diese Gruppe gehört nach *Phoebus* l. c. p. 53 die Ecorces rouges sans épiderme, Nouv.-Grenade *Dl. & B.* pl. 23.

Abbild. Taf. X. No. 28.

Das Periderm besteht aus dünnwandigen, tafelförmigen Korkzellen. Der Bast ist aus abwechselnden Bast- und Markstrahlen zusammengesetzt, von denen letztere mit einer Zellenreihe aus dem Holz hineintreten, sich in ihrem Verlauf oft bis zu 3 Reihen ausdehnen und hier und da in dem äussersten Drittel des Bastes, wo sie auch Steinzellen enthalten, sich keilförmig verbreitern, so dass die zwischen denselben liegenden, durch nicht erweiterte Markstrahlen gesonderten Baststrahlen zu einer Spitze zusammengedrängt gegen den Kork auslaufen. Diese Mark- und Baststrahlen sind mit Ausnahme des äussersten Drittels, in welchem solche Regelmässigkeit nicht stattfindet, durch zahlreiche, konzentrische Schichten von Bastparenchym durchschnitten, die 2—4 Zellen Dicke haben; dadurch werden quadratische oder rechteckige Felder gebildet, die von Bastzellen vollständig erfüllt, ziemlich regelmässig radial und tangential gereihte Bastbündel darstellen. Saftröhren sind auch in der jungen Rinde nicht vorhanden. Die Parenchymzellen enthalten einen rothbraunen Saft und kleine Stärkekörner, ausserdem finden sich in den Zellen zumal gegen die Bastbündel einzelne grössere Krystalle, die häufig schwalbenschwanzförmige, verkürzte Zwillinge darstellen. Die Bastparenchymzellen sind vertikal gestreckt, auf dem Querschnitt etwa von dem Umfang der Bastzellen und beide kleiner als die Markstrahlenzellen.

4. Exostemmarinden. Sichere ältere Rinden dieser Gattung liegen in der Sammlung nicht vor. Bei einem mehrjährigen Aste des Ex. longiflorum enthielt die Mittelrinde nur wenige Steinzellen, keine Saftröhren; die Bastzellen im Bast standen einzeln oder in unregelmässigen Gruppen, waren farblos, dünn, an den Enden spitz, fast ohne Lumen, auf dem tangentialen Längsschnitt netzig verflochten und zeigten zumal hier deutliche Porenkanäle.

§. 14. Tabelle zur mikroskopischen Bestimmung der bedeckten echten Chinarinde.

1. Bastzellen vereinzelt oder in radialen Reihen.
   A. Saftröhren fehlend; Steinzellen reichlich vorhanden.
      1. Bastzellen ($^5/_5$—$^{12}/_7$), in Einzel- und Doppelreihen . . . . Cort. C. laucifoliae.
   B. Saftröhren und Steinzellen fehlend, oder letztere sehr spärlich.
      1. Bastzellen unter sich ziemlich gleich dick.
         a. Bastzellen dünn ($^3/_4$); Kork dick . . . . C. C. Pitayensis.
         b. Bastzellen ziemlich dünn ($^7/_6$); Kork dünn . . . . C. C. Pelalbae.
         c. Bastzellen mitteldick ($^{10}/_7$).
            α. Mittelrinde aus 35 Zellenreihen; Bastzellen in unterbrochenen Reihen . . . C. Chinae ruber suberosus.
            β. Mittelrinde aus 50 Zellenreihen; Bastzellen in Einzel- und Doppelreihen . . C. C. Reichelianae.
      2. Bastzellen unter sich sehr ungleich ($^3/_3$—$^{10}/_{10}$).
         a. Stabzellen im Bast; Mittelrinde aus c. 35 Zellenreihen.
            α. Kork; Füllgewebe kleinzellig . . . . C. C. cordifoliae.
            β. Borke; Füllgewebe und Markstrahlen gleichzellig . . . . C. C. lanceolatae.
         b. Stabzellen fehlend; Mittelrinde aus 20—25 Zellenreihen.
            α. Bastzellen sehr spärlich . . . . C. C. hirsutae.
            β. Bastzellen in radialen Reihen, periodisch ungleich . . . . C. C. nitidae.
   C. Saftröhren vorhanden; Steinzellen fehlend oder sehr spärlich.
      1. Saftröhren eng, d. h. von der Grösse der Nachbarzellen.
         a. Bastzellen dünn ($^5/_5$—$^6/_8$) . . . . C. C. australis.
         b. Bastzellen mitteldick ($^8/_5$—$^{12}/_7$).
            α. Mittelrinde aus c. 16 Zellenreihen; Bastzellen in unterbrochenen radialen Reihen C. C. Condamineae.
            β. Mittelrinde aus c. 25 Zellenreihen; Bastzellen nach innen tangential geordnet C. C. Uritusingae.
      2. Saftröhren weit, d. h. grösser als die Nachbarzellen ($^{10}/_7$).
         a. Mittelrinde aus c. 25 Zellenreihen; Bastzellen stellenweise gehäuft . . . . . . C. C. glandnliferae.
         b. Mittelrinde aus c. 30 Zellenreihen; Bastzellen in Reihen, gelb . . . . C. C. Callsayae.
         c. Mittelrinde aus c. 35 Zellenreihen; Bastzellen in Reihen, roth . . . . C. Ch. ruber durus.

D. Saftröhren vorhanden; Steinzellen reichlich.
  1. Bastzellen mitteldick ($^{10}/_6$).
    a. Mittelrinde aus c. 20 Zellenreihen; Stabzellen fehlend. . . . . C. C. conglomeratae.
    b. Mittelrinde aus c. 30 Zellenreihen; Stabzellen im Bast . . . . C. C. umbelluliferae.
  2. Bastzellen dünn ($^4/_4 - ^5/_5$).
    a. Mittelrinde aus c. 30 Zellenreihen; Bastzellen in ununterbrochenen Reihen; Stabzellen im Bast. . . . . C. C. scrobiculatae.
II. Bastzellen vereinzelt oder in radialen Reihen und in Gruppen.
  A. Saftröhren vorhanden; Steinzellen reichlich.
    1. Bastzellen dick oder ziemlich dick ($^{12}/_{15} - ^8/_5$).
      a. Saftröhren weit.
        α. Stabzellen im Bast fehlend.
          a. Mittelrinde aus c. 50 Zellenreihen; Bastzellen nur in radialen Reihen und Gruppen. . . . . C. C. ovatae.
          b. Mittelrinde aus 20—25 Zellenreihen; Bastzellen zugleich auch tangential geordnet und in Gruppen. . . . . C. C. suberosae.
        β. Stabzellen im Bast vorhanden.
          a. Mittelrinde aus 35—40 Reihen; Bastzellen ungleich, nicht selten auch etwas tangential geordnet. . . . . C. C. purpureae.
      b. Saftröhren eng.
        α. Mittelrinde aus 16—20 Zellenreihen . . . . C. C. corymbosae.
    2. Bastzellen dünn ($^5/_5$). . . . . {C. C. amygdalifoliae. / C. C. parabolicae.}
  B. Saftröhren vorhanden; Steinzellen fehlend oder sehr spärlich.
    1. Bastzellen mitteldick ($^{10}/_7 - ^8/_6$); Mittelrinde aus c. 25 Zellenreihen.
      a. Stabzellen im Bast vorhanden . . . . C. C. Obaldianae.
      b. Stabzellen fehlend. . . . . C. C. heterophyllae.
  C. Saftröhren und Steinzellen fehlend oder letztere sehr spärlich.
    1. Bastzellen dünn ($^6/_5$); Stabzellen im Bast . . . . C. C. Chabuargucrae.
    2. Bastzellen mitteldick ($^9/_6 - ^{13}/_8$).
      a. Bastzellen in radialen Reihen und Gruppen . . . . C. C. micranthae.
      b. Bastzellen zugleich auch tangential geordnet. . . . . C. C. subcordatae.
  D. Saftröhren fehlend; Steinzellen reichlich vorhanden.
    1. Borke schon an Ästrinden vorhanden . . . . C. C. microphyllae.
    2. Kork selbst noch an Stammrinden vorhanden.
      a. Mittelrinde aus c. 20 Zellenreihen. . . . . C. C. laucifoliae var.
      b. Mittelrinde aus c. 40 Zellenreihen . . . . C. C. cordifoliae rotundifol.
III. Bastzellen in tangentialen Reihen und Gruppen.
  A. Saftröhren fehlend; Steinzellen mehr oder weniger reichlich.
    1. Periderm; Mittelrinde aus 20—25 Zellenreihen, Bastzellen blassgelb . . . . . C. C. macrocalycis.
    2. Borke sehr früh vorhanden; Bastzellen meist orangegelb . . . . {C. C. lucumaefoliae. / C. C. stupeae.}
  B. Saftröhren fehlend; Steinzellen keine oder sehr spärlich.
    1. Bastzellen ungleich ($\frac{10-11}{8}$). . . . . C. C. subcordatae.
  C. Saftröhren eng; Steinzellen fehlend oder sehr spärlich.
    1. Bastzellen sehr dick, sehr ungleich, goldgelb ($^{15}/_{15}$). . . . . {C. C. luteae. / C. C. decurrentifoliae.}
    2. Bastzellen mitteldick, ziemlich gleich, blassgelb ($^8/_5 - ^{12}/_7$). . . . . C. C. Uritusingae.
  D. Saftröhren und Steinzellen vorhanden, letztere reichlich.
    1. Bastzellen sehr dick, ungleich ($^{22}/_{10}$); Mittelrinde aus c. 50 Zellenreihen . . . . {C. C. Pelletiereanae. / C. C. viridiflorae.}
    2. Bastzellen mitteldick ($^8/_5 - ^{12}/_{15}$).
      a. Saftröhren weit.
        α. Mittelrinde aus 20—25 Zellenreihen; Stabzellen im Bast 0. . . . . C. C. suberosae.
        β. Mittelrinde aus 35—40 Zellenreihen; Stabzellen vorhanden. . . . . C. C. purpureae.
      b. Saftröhren eng.
        α. Mittelrinde aus 30—35 Zellenreihen . . . . C. C. Palton.

Register.

	Pagina.	Tafel.	No.
Cascarilla amarilla de Chito *Pav*........ 27			
" amarilla de Inta *Pav*......... 36		VII	19
" amarilla de Loxa *Pav*........ 34		III	6
" amarilla fina del Rey *Pav*..... 33			
" Azahar hembra & macho *Pav*.. 40			
" blanca Pata de Gallinazo *Pav*.. 20			
" boba amarilla *Pav*............ 20			
" boba de Pata de Gallereta *Pav*. 31			
" Chahuarguera *Pav*............ 33		VI	15
" Cocharilla *Pav*............... 37		VIII	21
		IX	26
" colorada de Huaranda *Pav*.. 24, 25			
" colorada de Loxa *Pav*........ 26			
" colorada del Rey *Pav*. 33., *How*. 32			
" con hojas agudas *Pav*......... 40			
" con hojas de Lucuma *Pav*..... 35		IX	25
" con hojas de Palton *Pav*...... 36		VII	18
" con hojas de Zamba *Pav*. 19. *How*. 34			
" con hojas rugosas de Loxa *Pav*. 29			
" crespilla ahumada de Loxa *Pav*. 36			
" crespilla buena *How*........... 33			
" crespilla Chica *How*........... 26			
" crespilla con hojas de Roble *Pav*. 34		IX	24
" crespilla de Jaën *How*........ 27			
" crespilla negra *Pav*........... 33			
" de Cuenca *Pav*................ 34		III	6
" de hoja morada *Pav*........... 30			
" de hoja redonda *Pav*.......... 34		III	6
" del Nagenal *Pav*............. 42			
" estoposa *Pav*................. 35			
" fina de Uritusinga *Pav*. 22. *How*. 22			
" fina delgada de Loxa *Pav*..... 20			
" fina Peruana *Pav*............. 20			
" fina Provinciana de Quito *Pav*.. 27			
" flor de Azahar *Pav*............ 39		X	27
" Margarita de Loxa *Pav*....... 40			
" negra o negrilla *Pav*...... 22, 31			
" negrilla ordinaria *Poepp*....... 21			
" Pardo *Rz*.................... 43			
" Pata de Gallinazo *Pav*........ 32			
" provinciana *How*.......... 23, 32			
" provinciana blanquilla *Pav*.... 32			
" serrana de Huaranda *Pav*..... 26			
" Tarantaron *Pav*.............. 43			

	Pagina.	Tafel.	No.
Chiquinquerarinde 18, 19			
Cinchona amygdalifolia *Wedd*......... 10, 28		V	12
" angustifolia *Rz. & P*........... 9			
" Apolobamba *Pav*............... 21			
" asperifolia *Wedd*............... 12			
" australis *Wedd*............. 10, 21			
" Boliviana *Wedd*......... 8, 10, 24			
" Bouplandiana *Kl*............. 8, 9			
" Calisaya *Wedd*............. 8, 23		I	1
" Carabayensis *Wedd*............ 12			
" Chahuarguera *Pav*....... 8, 12, 33		VI	15
" Chomeliana *Wedd*............. 11			
" coccinea *Pav*.......... 12, 18, 38			
" Condaminea *Hb. Bpl*.. 8, 9, 10, 21		V	11
" conglomerata *Pav*.......... 12, 26			
" cordifolia *Mut*....... 10, 11, 34, 18		III	7
" corymbosa *Karst*............ 12, 29			
" decurrentifolia *Pav*.......... 12, 36			
" discolor *Kl*.................... 12			
" erythrantha *Pav*............... 12			
" erythroderma *Wedd*........ 11, 12			
" glandulifera *Lindl*. 12. *Rz. & P*.11, 22			
" globifera *Pav*.................. 43			
" heterophylla *Pav*..... 10, 11, 12, 31		IV	9
" hirsuta *Rz. & Pav*... 10, 11, 12, 20			
" Humboldtiana *Lamb*........... 12			
" lanceolata *Bth*................. 9			
" *Rz. & Pav*..... 12, 20			
" lancifolia *Mut*. 9, 34. *Wedd*... 9, 17		II	3-4
		III	5
" lucumaefolia *Pav*........ 9, 12, 35		IX	25
" lutea *Pav*...... 10, 11, 12, 27, 36		VII	19
" macrocalyx *Pav*........ 9, 12, 34		III	6
" macrocarpa *Vahl*.............. 42			
" magnifolia *Pav*....... 25, 39, 40		X	27
" micrantha *Lindl*. 10. *Rz. & P*. 10, 32		V	13
		VI	16
" microphylla *Mut*. 12. *Pav*... 12, 34		IX	24
" Mutisii *Lamb*........... 11, 12, 29			
" nitida *Rz. & Pav*.......... 10, 20		V	14
" Obaldiana *Kl*............. 12, 31			
" oblongifolia *Mut*............... 25			
" obovata *Pav*................. 12			
" obtusifolia *Pav*................ 12			

	Pagina	Tafel	No.
Cinchona officinalis *L.*	8, 10		
„ ovalifolia *Hb. Bpl.* 12. *Pav.*	42		
„ ovata *Rz. & Pav.*	10, 11, 31	VIII	23
„ Paludiana *How.*	12, 37		
„ Palton *Pav.*	12, 36	VII	18
„ parabolica *Pav.*	12, 29		
„ Pelalba *Pav.*	12, 19		
„ Pelletiereana *Wedd.*	12, 10, 37	VIII / IX	21 / 26
„ Peruviana *How.*	12		
„ Pitayensis *Wedd.*	9, 12, 19		
„ pubescens *Karst., Poepp.* 10. *Lamb.* 11. *Vahl.*	10		
„ purpurascens *Wedd.*	11		
„ purpurea *Lamb.* 10. *Wedd.* 10. *Rz. & P.*	11, 12, 30	VII	17
„ quercifolia *Pav.*	12		
„ Reicheliana *How.*	12, 21		
„ rosea *Pav.*	43		
„ rotundifolia *Pav.*	11		
„ rufinervis *Wedd.*	11, 12, 25		
„ rugosa *Pav.*	10, 11, 12		
„ scrobiculata *Hb. Bpl.*	10, 27	II	2
„ stupea *Pav.*	9, 12, 35		
„ subcordata *Pav.*	12, 32		
„ suberosa *Pav.*	12, 30, 34		
„ succirubra *Pav.*	11, 12, 24	VII	20
„ Tarantarou *Pav.*	43		
„ Tucujensis *Karst.*	12, 18, 19		
„ umbellulifera *Pav.*	12, 27	VIII	22
„ undulata *Pav.*	11		
„ Uritusinga *Pav.*	22, 37	IV	*
„ villosa *Lindl.*	12		
„ violacea *Pav.*	12		
„ viridiflora *Pav.*	12, 37		
Cochabambarinde	21		
Cortex Chinae bicoloratus	43		
„ „ Calebaya	28		
„ „ Calisayae	23	I	1
„ „ „ empedermida	22		
„ „ „ de St.-Fé *How.*	35		
„ „ „ fibrosus	28		
„ „ „ moradae	22		
„ „ „ spurius	21, 28		
„ „ de Carabaya	28		
„ „ de Cuzco	28		
„ „ flavus durus laevis	18	III	7
„ „ flavus durus suberosus	36	VII	19
„ „ flavus fibrosus	17	II / III	3-4 / 5
„ „ de Huamalies	21, 28, 32		
„ „ de Huanoco	25, 27, 32		
„ „ de Jaën pallidus	31		
„ „ de Loxa	21, 22, 27, 32, 37		
„ „ de Maracaïbo *Karsten*, nec *DI. & B*	18, 19		
„ „ novus	39, 40	X	27

	Pagina	Tafel	No.
Cortex Chinae de Para flavus	28		
„ „ de Pitaya	19		
„ „ Pseudo-Loxa	20, 21, 27		
„ „ ruber durus	24	VII	20
„ „ ruber spurius	26, 32		
„ „ ruber suberosus	18	IV	10
„ „ rubiginosus	28		
„ „ de Uritusinga suberosus	28		
„ **Cinchonae** amygdalifoliae	28	V	12
„ „ Apolobambae	21		
„ „ australis	21		
„ „ Bolivianae	24		
„ „ Bonplandianae	8, 9		
„ „ Calisayae	23	I	1
„ „ cavae *Pav.*	34		
„ „ Chahuarguerae	33	VI	15
„ „ coccineae	12, 18, 38		
„ „ Condamineae	21	V	11
„ „ conglomeratae	26		
„ „ cordifoliae	18	III	7
„ „ corymbosae	29		
„ „ decurrentifoliae	36		
„ „ glanduliferae	22		
„ „ globiferae	43		
„ „ heterophyllae	31	IV	9
„ „ hirsutae	20		
„ „ lanceolatae	20		
„ „ lancifoliae	17	II / III	3-4 / 5
„ „ lucumaefoliae	35	IX	25
„ „ lucumaefoliae var. rubra *How.*	35		
„ „ luteae	36	VII	19
„ „ macrocalycis	34	III	6
„ „ magnifoliae	39, 40	X	27
„ „ micranthae	32	V / VI	13 / 16
„ „ microphyllae	34	IX	24
„ „ Mutisii	11, 12, 29		
„ „ nitidae	20	V	14
„ „ Obaldianae	31		
„ „ ovatae	31	VIII	23
„ „ Paludianae	37		
„ „ Paltom	36	VII	18
„ „ parabolicae	29		
„ „ Pelalbae	19		
„ „ Pelletiereanae	37	VIII / IX	21 / 26
„ „ Peruvianae	12		
„ „ Pitayensis	19		
„ „ pubescentis	10, 11		
„ „ purpureae	10, 11, 12, 30	VII	17
„ „ Reichelianae	12, 21		
„ „ roseae	43		
„ „ rufinervis	11, 12, 25		
„ „ scrobiculatae	10, 27	II	2
„ „ stupeae	35		

	Pagina	Tafel	No.
Cortex Cinchonae subcordatae	32		
„ „ suberosae	30, 34		
„ „ succirubrae	24	VII	20
„ „ Tucujensis	12, 18, 19		
„ „ umbelluliferae	12, 27	VIII	22
„ „ undulatae	11		
„ „ Uritusingae	22	IV	8
„ „		VIII	21
„ „ viridiflorae	37	IX	26
„ Exostematis longifiori	44		
„ Ladenbergiae acutifoliae	40		
„ „ coriaceae	41		
„ „ macrocarpae	41, 42		
„ „ magnifoliae	39	X	27
„ „ Moritzianae	40		
„ „ Riveroanae	40		
„ Lasionematis rosei	43		
„ „ Tarautaron	43		
„ Naucleae Cinchonae	43		
„ radicis Cinchonae Calisayae	24		
Marcapatarinde	21		
Quina amarilla de Loxa *Pav.*	34	III	6
„ blanca *Mut.*	41, 42		
„ Calysaya *Pav.*	20		
„ cana legitima *How.*	27		
„ Carmiu *Kl.*	31		
„ dudosa *Pav.*	28		
„ fina de Loxa *Pav. How.*	21, 22, 33		
„ roja, roxa *Mut.*	25, 39	X	27
Quinquina blanc *Dl. & B.*	42		
„ brun de Cuzco *Dl. & B.*	31		
„ Calisaya de St.-Fé *Dl. & B.*	18		

	Pagina	Tafel	No.
Quinquina Calisaya plat & roulé *Dl. & B.*	23	I	1
„ Carabaya plat s. épid. *Dl. & B.*	21, 31, 38		
„ Carabaya roulé av. épid. *Dl. & B.*	24, 38		
„ Carthagène ligneux *Dl. & B.*	17		
„ Carthagène rosé *Dl. & B.*	17		
„ des îles de Lagos *Dl. & B.*	43		
„ faux Calisaya *Dl & B.*	28		
„ gris roulé (Equateur) *Dl. & B.*	19, 33		
„ Huanoco jaune pâle *Dl. & B.*	32, 28		
„ Huanoco plat s. épid. *Dl. & B.*	21		
„ Huanoco roulé av. épid. *Dl. & B.*	32		
„ Jaën *Dl. & B.*	34		
„ jaune de Cuzco *Dl. & B.*	36, 38		
„ jaune de Guayaquil *Dl. & B.*	38		
„ jaune de Mutis *Dl. & B.*	19		
„ jaune orangé de Mutis *Dl. & B.*	17		
„ jaune orangé roulé *Dl. & B.*	17		
„ Loxa. Gris fin Condaminea *Dl. & B.*	21, 23		
„ Loxa. Gris fin negrilla *Dl.& B.*	33, 35		
„ Maracaïbo *Dl. & B.*	18		
„ Pitayo *Dl. & B.*	18, 19		
„ rouge de Cuzco *Dl. & B.*	28		
„ rouge de Mutis *Dl. & B.*	19		
„ rouge orangé *Dl. & B.*	18		
„ rouge pâle *Dl. & B.*	18		
„ rouge pâle (N. Gren.) *Dl. & B.*	43		
„ rouge s. épid. (N. Gren.) *Dl. & B.*	44		
„ rouge vif *Dl. & B.*	24		
Wittstein's Rinde	18, 35, 36		

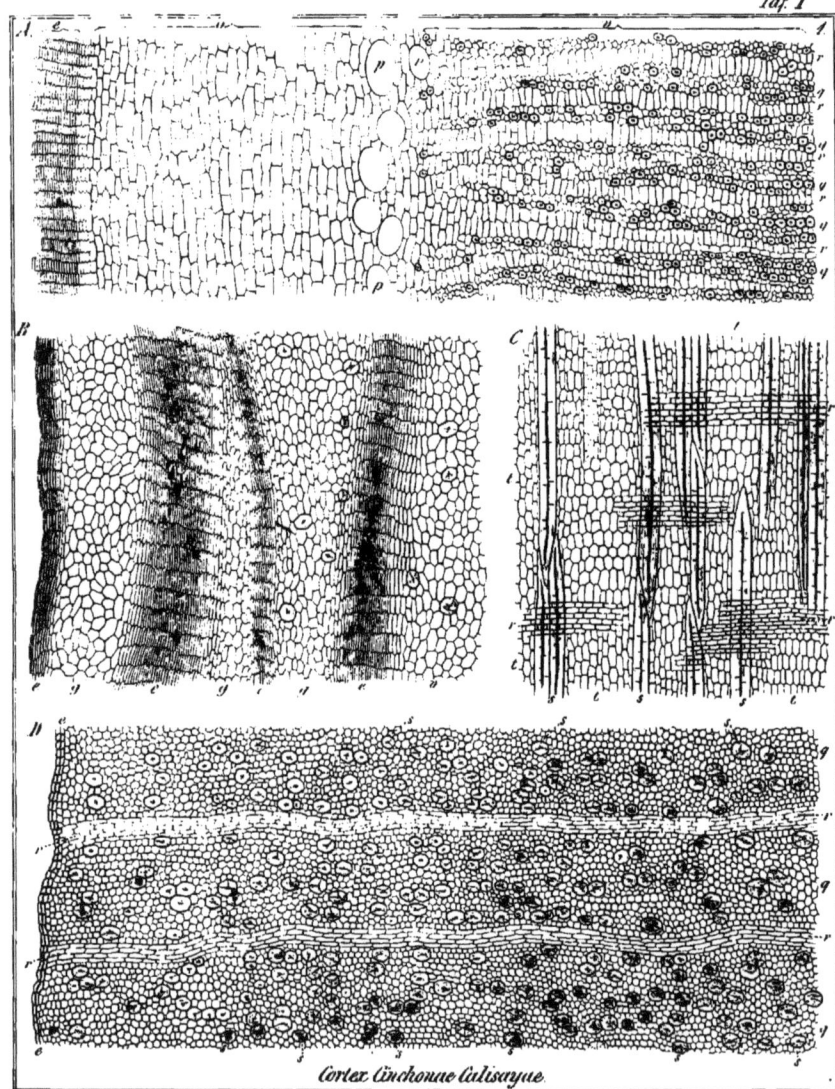

Cortex Cinchonae Calisayae.

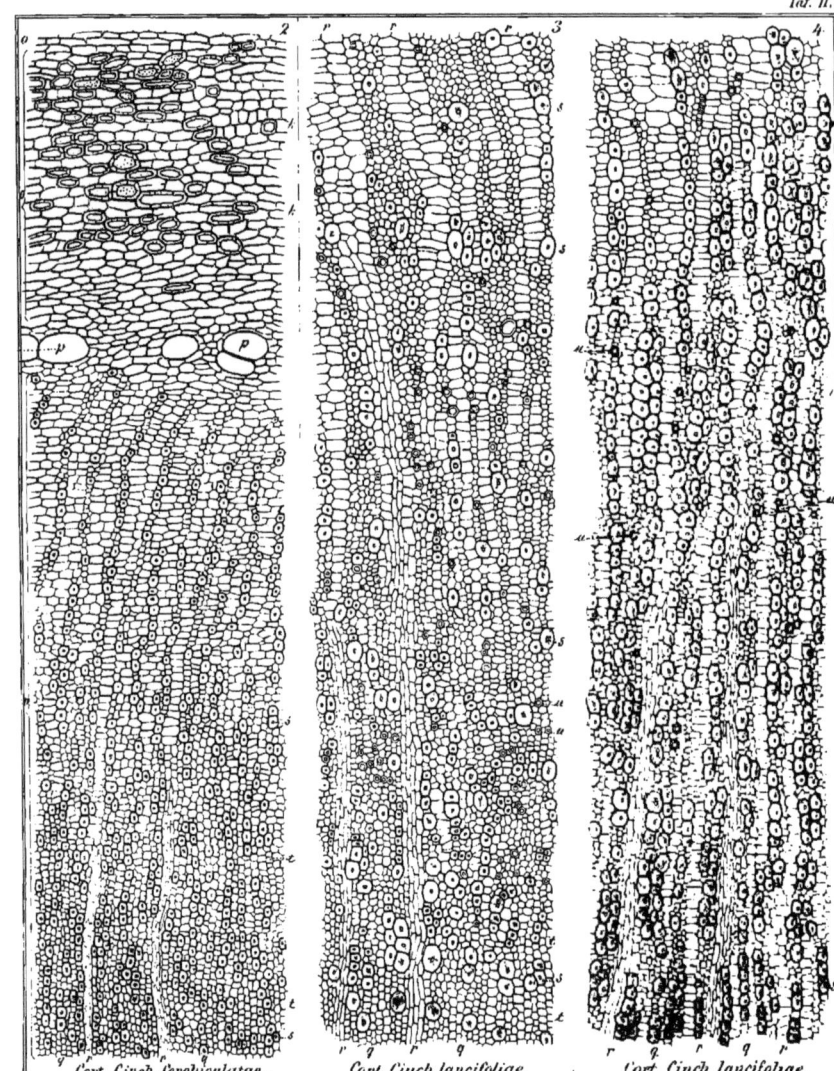

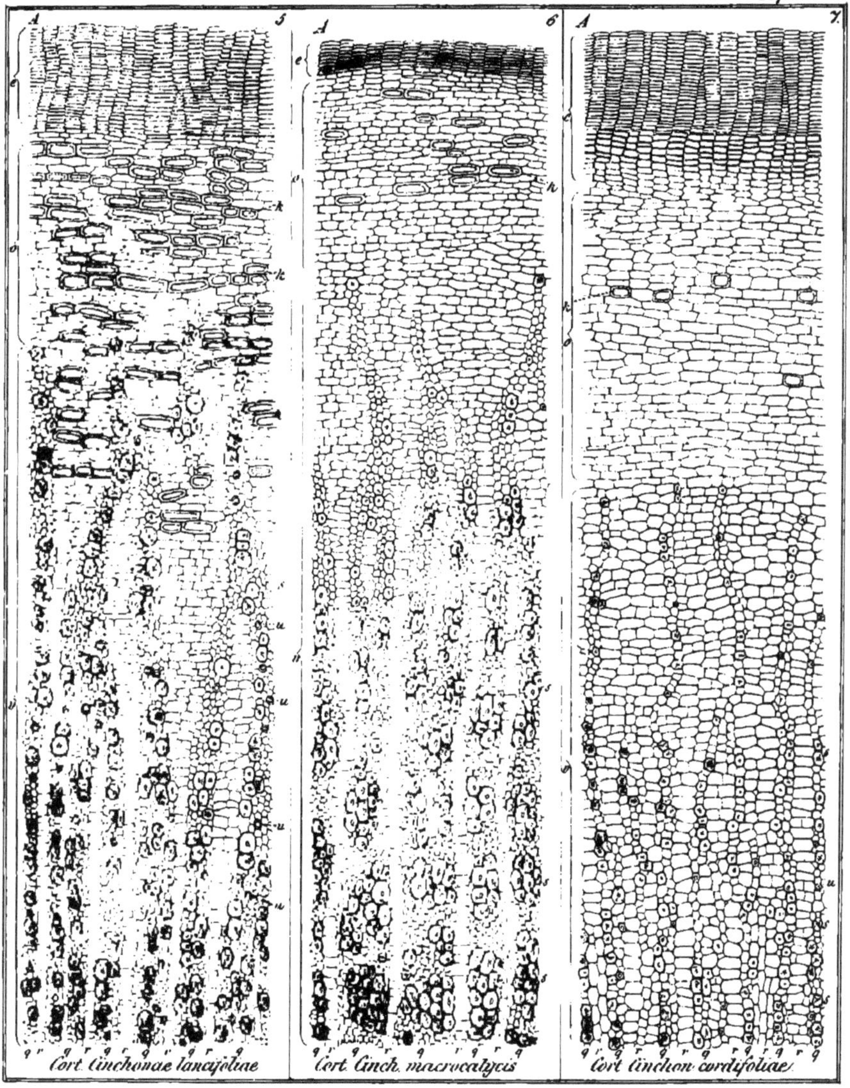

Taf. III.

Cort. Cinchonae lancifoliae.   Cort. Cinch. macrocalycis.   Cort. Cinchon. cordifoliae.

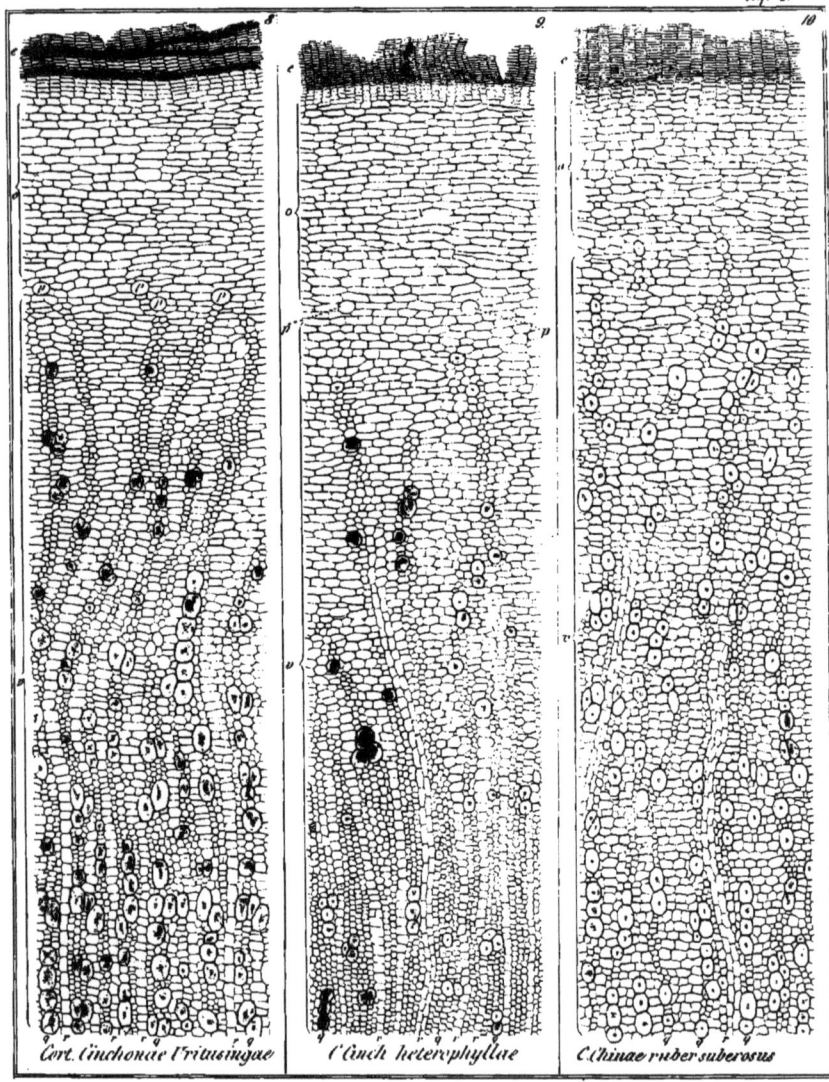

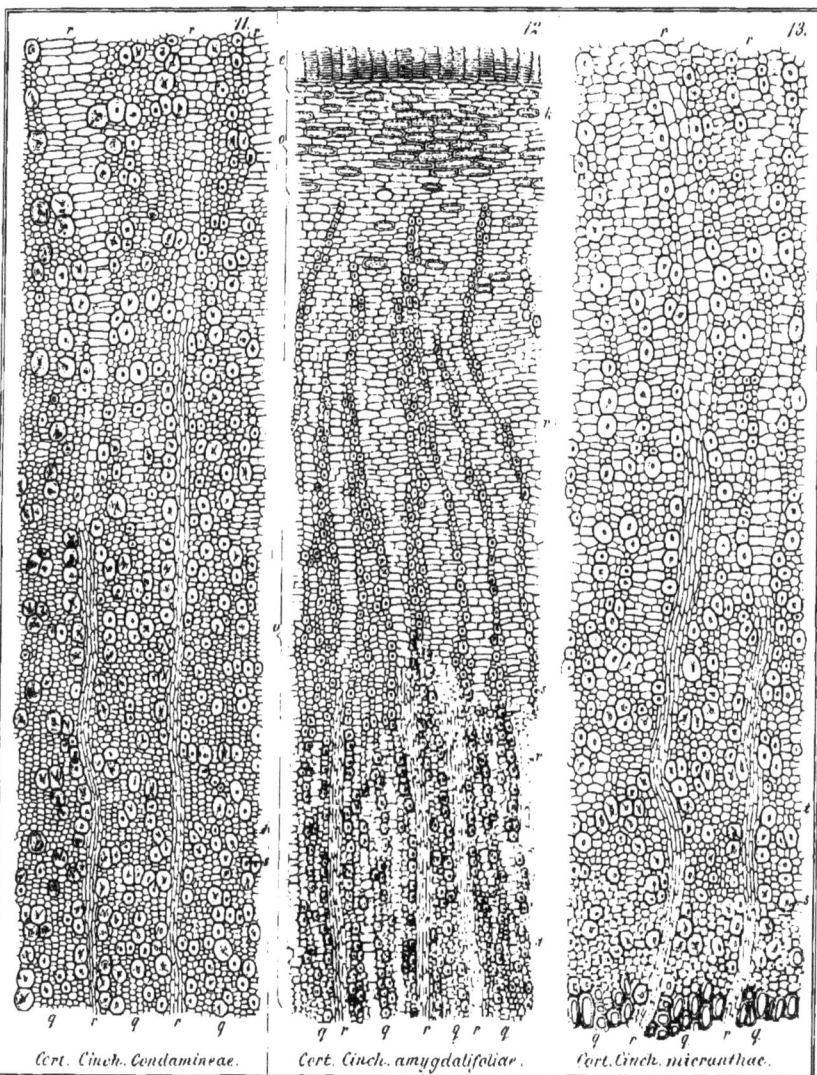

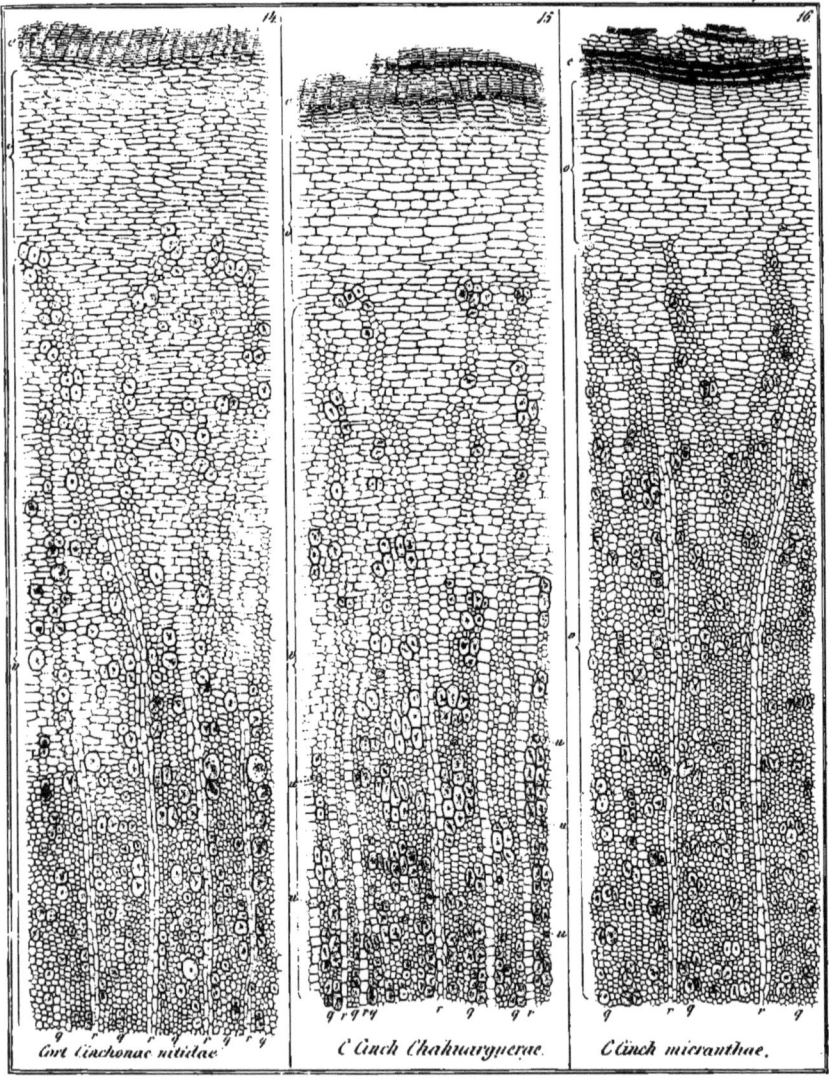

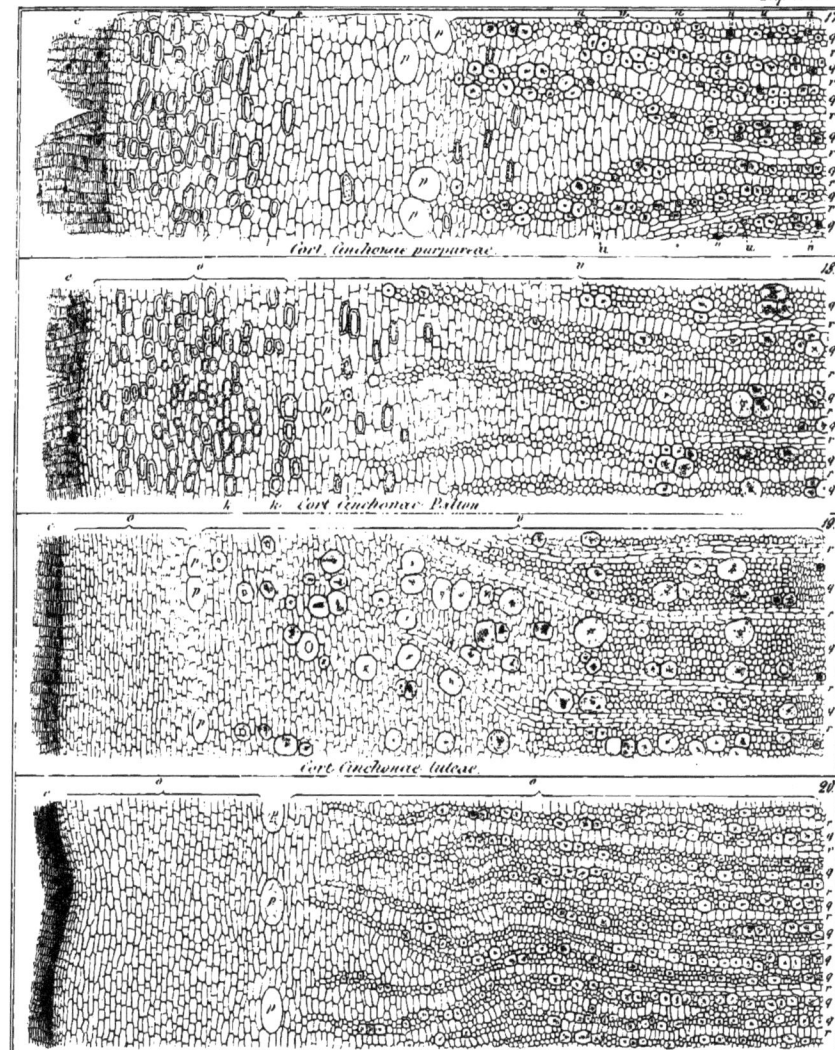

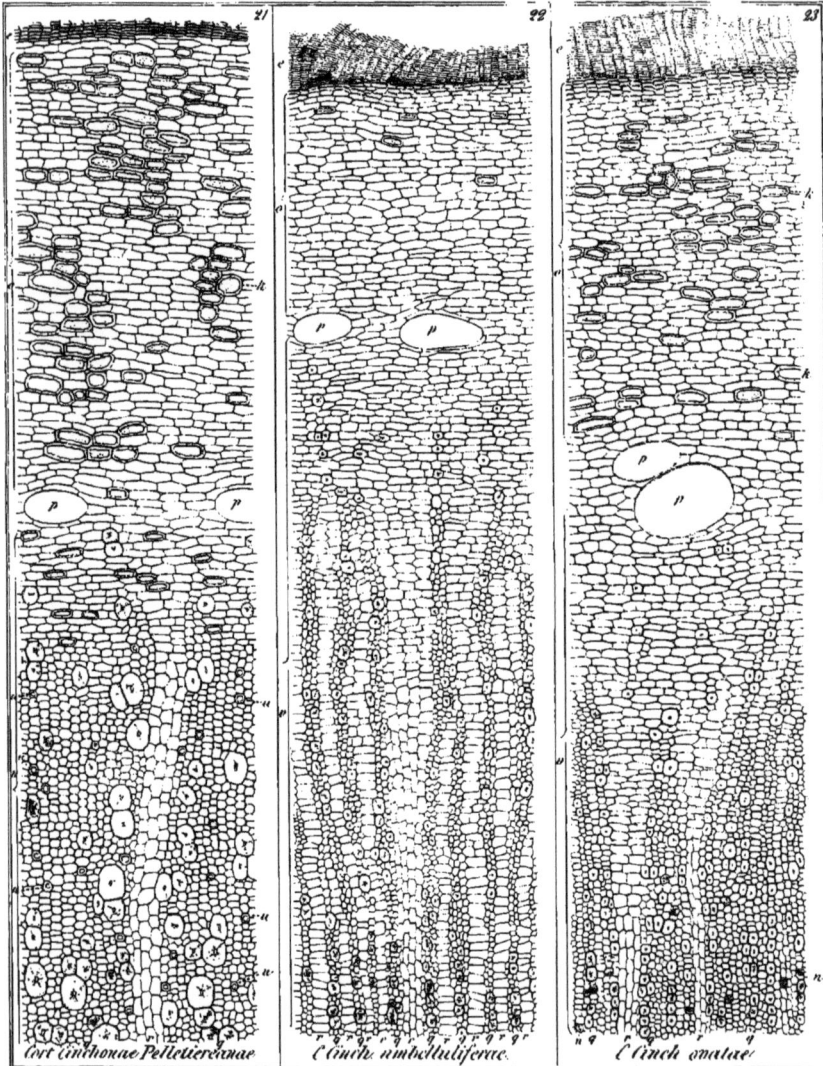

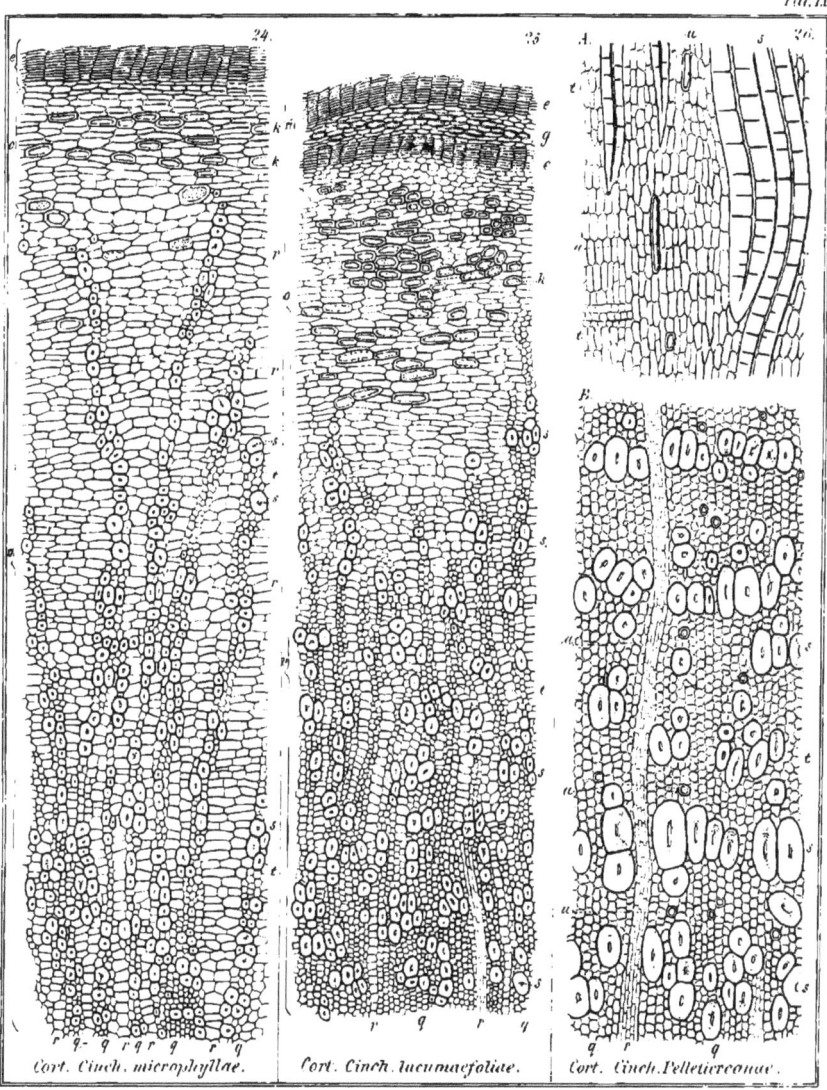

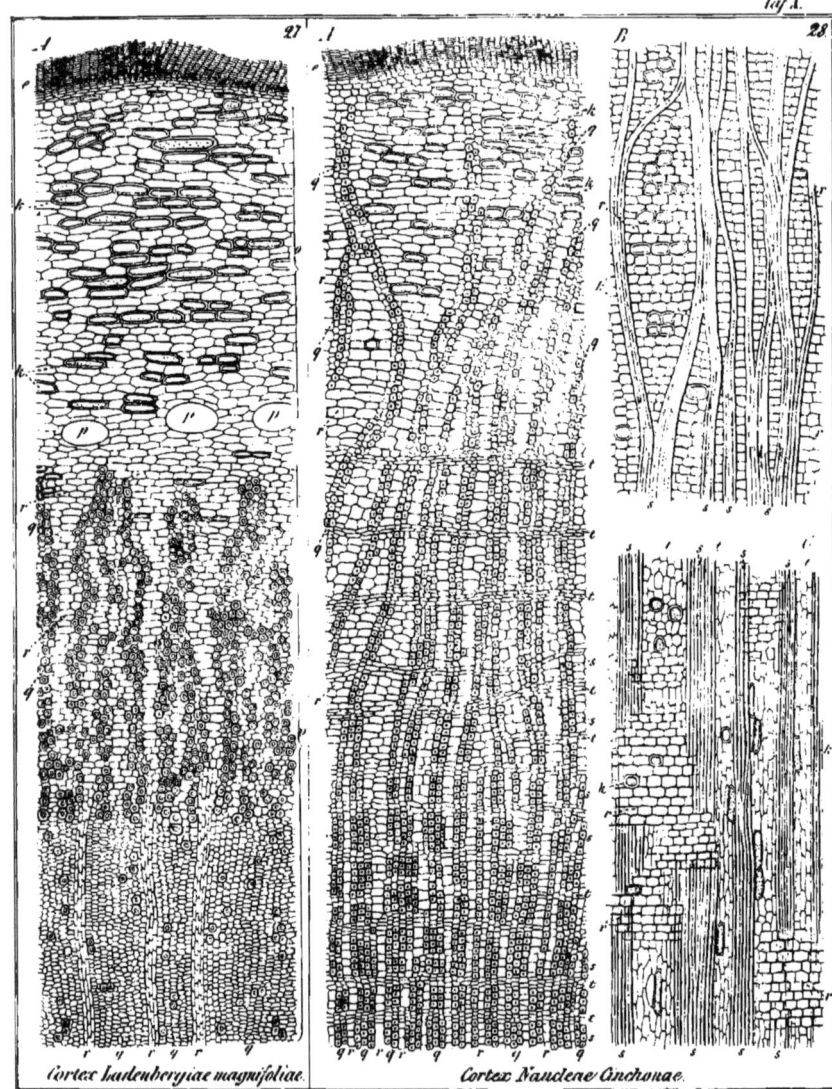

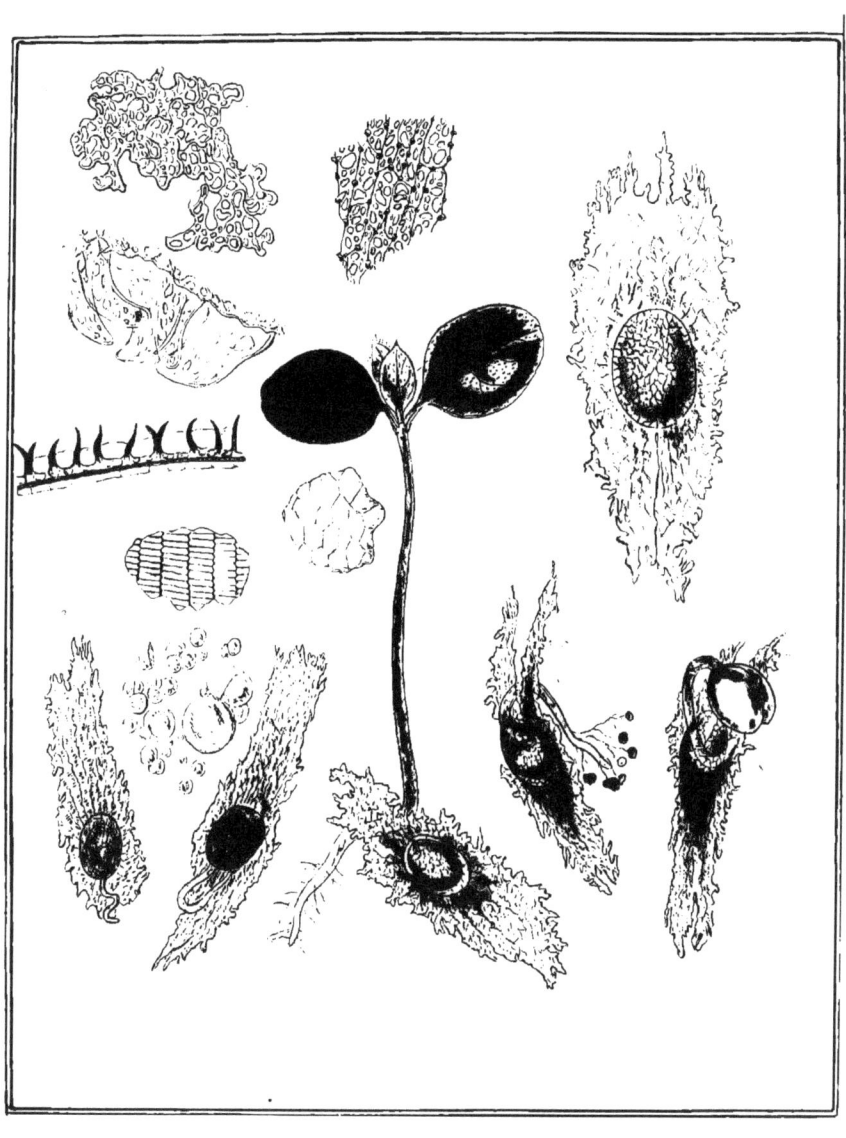

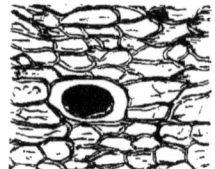

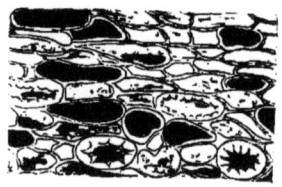

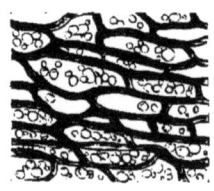